名家简介

盖　地

天津财经大学商学院会计学科首席教授，博士生指导教师，会计与财务研究中心主任，财政部会计准则咨询专家，中国成本研究会常务理事，中国会计学会会计基础理论专业委员会副主任，中国对外经贸会计学会理事，中国财务学年会顾问。

当代税收名家丛书

税收与会计

——依存与共生

盖地 ◎ 著

中国财经出版传媒集团
中国财政经济出版社

图书在版编目（CIP）数据

税收与会计：依存与共生／盖地著．—北京：中国财政经济出版社，2017.11
（当代税收名家丛书）
ISBN 978－7－5095－7024－1

Ⅰ．①税…　Ⅱ．①盖…　Ⅲ．①税收会计－研究－中国
Ⅳ．①F812.42

中国版本图书馆 CIP 数据核字（2017）第 136491 号

责任编辑：张若丹　　　　责任校对：张　凡
封面设计：王　坦　王　颖　　　　版式设计：录文通

中国财政经济出版社 出版

URL：http：//ckfz.cfeph.cn
E－mail：ckfz@cfeph.cn

社址：北京市海淀区阜成路甲 28 号　邮政编码：100142
营销中心电话：88190406
天猫网店：中国财政经济出版社旗舰店
网址：https：//zgczjjcbs.tmall.com
北京富生印刷厂印刷　各地新华书店经销
880×1230 毫米　32 开　6.875 印张　160 000 字
2018 年 1 月第 1 版　2018 年 1 月北京第 1 次印刷
定价：35.00 元
ISBN 978－7－5095－7024－1
（图书出现印装问题，本社负责调换）
本社质量投诉电话：010－88190744
打击盗版举报热线：010－88190414　QQ：447268889

策划人语

税收事业与社会进步的推动者

税收在当下的中国已经成为一门显学，这归因于社会的进步与时代的机遇。十九大后新时代中国特色社会主义思想指引税制改革与经济发展，逢此良机，我们策划出版了这套“当代税收名家丛书”。

何谓税收名家？这里所讲的税收名家特指那些为推动税收事业和社会进步而摇旗呐喊的公共知识分子们。他们之所以被称为“名家”，自然有其过人之处，正所谓“石可破也，而不可夺坚；丹可磨也，而不可夺赤”。作为公共知识分子，他们独立思考，谦卑不忘弘毅，勇于进谏政府，积极投身公共事务；作为公共知识分子，他们坚守理想，怀揣忧患意识，努力追求真理，具有现实主义批判精神。

“铁肩担道义，妙手著文章”，这是对名家们性情特征的最好注解。引经据典，追根溯源，播其声，扬其道，释其理，忘却一己之利益，弘扬社会之正气。他们将家国情怀、人文关怀融入广阔的社会经济实践。在现代法治社会的丛林里，他们有可能成为一种相对独立、具有社会正能量和影响力、代表社会良知和人类理想的社会阶层。

我们对税收名家的遴选，其实并未有一成不变的标准，但始终秉承一项原则，即入选者必须勤于学、志于道、游于艺，在税收领域有相当造诣，其观点犀利，自成一派，非人云亦云之辈。入选者，或擅长财税法制，或精通大数据治税，或融汇会计与税收，或执著于税收治理……他们关注于世界、国家、人类、民族、社会的进步，其观点闪烁着独特的伦理之魂和道德之光。

本套丛书的每一分册均具有两大结构：一是学术研究篇，二是人文情怀篇，即从这两个视角反映入选者的学术思想和人文情怀。我们期待各路神仙指点，更希望结识、聚集各方神圣。

最后，让我们为那些推进国家治理和社会进步而坚守理想、永不言弃的公共知识分子们点赞，正是他们的思想和行动辉映着时代的曦光。

“当代税收名家丛书”策划人　樊清玉

Qingyuf@ sina. com

2017 年 10 月

前言

“名家”不敢当，“税收名家”更不敢当。充其量，只能算是税收与会计的学习者、税务筹划与税务会计的思考者。

税收与会计，在理论上，当然分属两个学科，但在实务中，尤其对纳税人来说，却是密不可分。企业既要按照会计准则向投资人、债权人等提供财务报告，同时又要按照税法规定向主管税务机关提供纳税申报表——税务会计报表。理论的研究应该反映实务的需求，这就逐步形成了介于税收学与会计学之间的一门交叉学科——税务会计学。因此，站在纳税人的角度研究税收与会计，既可以说是“跨界”，又可以说是必然的“联结”。

2008年11月22日，《潘序伦文集》首发式在上海立信会计学院（现上海立信会计金融学院）举办。在该文集收录的62篇文章中，有9篇是税收内容的文章，首篇文章就是潘老（被誉为“中国会计之父”）1931年7月发表在《会计季刊》创刊号的《营业税的征收和资本额的计算》。而且在潘老的诸多著述中，就包括一本《所得税原理及实务》。我系李宝震教授在20世纪初期就对美国联邦所得税有研究，1937年用英文发表了《中国之所得税》专著，探讨所得税基本理论，同时还教授“所得税会计”课程，“既要讲租税理论，又要讲会计原则”。公司会计准则的世界经典名著《公司会计准则导论》的两位作者之一——威廉·安德鲁·佩顿（会计理论先驱，被誉为“美国现代会计理论之父”）也对与会计相关的税收有涉猎，1965年，其著作《公司利润的计量、分配、报告与税收》出版发行。在加里·约翰·普雷维茨等著《美国会计史——会计的文化意义》（中国人民大学出版社2006年版）一书的第3章、第7章中专门阐述了“税务、政府会计和非营利组织会计”“税收：新的增长点”问题。艾尔登·S. 亨德里克森的《会计理论》（立信会计出版社2013年版）是专门研究会计理论的世界名著，在该书中，多处论及税收与会计的问题，其中第16章“所得税与养老金”（中译本未录入）专门阐述了税收与养老金会计问题。《美国联邦税制》（东北财经大学出版社2001年版）的第一作者凯文·E. 墨菲，当时就是一位会计学助教授。可见，国内外的会计大家们，不仅在会计理论研究方面有杰出贡献，在关注会计理论与实务的同时，也对与会计关系密切的，或者说不能摆脱的税收也颇有研究，多有建树。“‘高山仰止，景行行止。’虽不能至，然心向往之。”（司马迁《史记·孔子世家》）

税收离不开会计，会计焉能无视税收。在《中国会计报》和瑞华会计师事务所联合主办的2016年度中国十大财会新闻中，排在第二位的就是“营改增全面实施，营业税退出历史舞台”。全面推开“营改增”本来是一项重要的税制改革，但它也成为重要的“财会新闻”，充分说明税收与会计的紧密联系。

当年读本科时，我学的是“财政金融”专业。毕业留校任教时，系领导征求意见，我选择做了会计教师，讲授会计课程，当时认为会计比较具象。1983年和1984年进行第一步、第二步“利改税”时，我主要承担“工业会计”课的授课任务。当时的会计原理及各门专业会计（如工业会计、商业会计等）的内容均不涉及税收及其会计处理，财政系老师给我系讲授的“国家税收”课程也不是站在纳税人的角度，即会计与税收没有交集。

作为当时会计系的负责人，我将专业课程稍作调整，即以“税务会计”取代“国家税收”，改由本系老师任课，转眼已有30余年。随着我国税收与会计法规制度建设的一个又一个进步，相关教材建设体系日趋成熟，相关理论研究日渐深入。

30年来，有过迷惘，经历彷徨。一路走来，就是坚持与坚守。宏观探道，微观探真，永远在路上。本书仅是本人对税收、税务筹划和税务会计的一点所思、所感和所悟，诚望不吝赐教。

盖地

目 录

第一部分 学术研究篇

第二部分　人文情怀篇

第一部分

学术研究篇

第一章
纳税人视角看税收

一、人类历史长河中的税收

税收是个历史范畴，具有鲜明的阶级性。因此，当年马克思曾经号召工人阶级拒绝向资产阶级政府缴税。列宁也深刻剖析过资本主义国家的税收："人愈是穷，它愈是要把自己更大一部分收入以间接税形式缴纳给国家。少产或无产的群众占全国人口9/10，他们消费9/10的纳税产品，缴纳9/10的间接税。但在全部国民收入中，他们所获得的不过2/10至3/10。"①

诗能证史，亦能证税。在我国古代的诗词

① 列宁：《列宁全集》（第6卷）（中文第2版），人民出版社1986年版，第245页。

歌赋中，不仅有描写山川壮美、四季景色与抒发壮志豪情、乡愁别绪的诗词佳句，还有反映在专制赋税体制下，劳苦大众对苛捐杂税、生活艰困的愤懑与悲泣：

“美人梳洗时，满头间珠翠。岂知两片云，戴却数乡税。”（《富贵曲》郑遨）

“苗疏税多不得食，输入官仓化为土。”（《野老歌》张籍）

“且如今年冬，未休关西卒。县官急索租，租税从何出。”（《兵车行》杜甫）

“胡为秋夏税，岁岁输铜钱。钱力日已重，农力日已殚。”（《赠友》白居易）

“汗流肩赪载入市，价贱乞与如糠粞；卖牛纳税拆屋炊，虑浅不及明年饥。”（《吴中田妇叹》苏轼）

“前年鬻大女，去年卖小儿。皆因官税迫，非以饥所为。布衣磨尽草衣折，一冬幸喜无霜雪。今年老小不成群，赋税未知何所出。”（《悲苦行》王冕）

“野客耽茶著作经，一时评品亦良精。谁知茗饮成风后，从此朝廷榷法行。”（《陆羽》徐钧）

“狡吏不畏刑，贪官不避赃。农时作私债，农毕归官仓。”（《橡媪叹》皮日休）

在人类历史的长河中，虽说各国的税收发展路径不同，但都在适应不断变化的外部环境，逐步健全并不断完善，征税也逐渐成为一门艺术。英国经济学家柯贝尔（Colbert）曾经说过：“征税的技术，就是拔最多的鹅毛，听最少的鹅叫。”① 形象地概况了征税艺术，既要做到取人不怨——拔下鹅毛，鹅不觉痛，还能

① 也有人说这句话出自法国路易十四时期的财政大臣让·巴蒂斯特·柯贝尔。遵循从众原则，未作考证。

长出更多鹅毛。

税收伴随着人类文明的足迹一路走来，税收与世界文明相伴相随。政权的更迭，王朝的兴衰，似乎都有税收的身影。美国税务史学家查尔斯·亚当斯说过：“很多重大的历史事件，当然包括大部分革命，其根源都是税收。税收经常是点燃人类不满火药的导火索。”法国经济学家托马斯·皮凯蒂认为“税收不是一个技术问题。它很大程度上是一个政治和哲学问题，也许是最重要的政治问题。没有税收，社会就没有共同命运，集体行动也就无从谈起，这是常理。”①

税收——既可作恶，又能行善。

税收——有时像天使，促进经济繁荣、社会进步，百姓安居乐业；有时像魔鬼，横征暴敛、天怒人怨，搅得国家动荡不安。但作为国之重器，其聚财的追求一直不变，其强势的秉性始终体现。税收思想、税收故事，百花竞放、争奇斗艳，时不时成为新闻热点②。

税收的故事神秘而古老，税制的设计智慧而精巧，但因其复杂多变又有几分诡秘与深奥。

税收在历史的重大事件中所起的作用比我们所看到的，既可能更加迷人，也可能更为迷离。古往今来是与非，沧海桑田兴与废。

现代税收制度，应该少一些罚则，多一些激励；少一些冰冷骨感，多一些温馨情暖。

古今中外，税收都是遵循“无商无税、无税无国”的运行

① ［法］托马斯·皮凯蒂：《21世纪资本论》，中信出版社2014年版，第507～508页。

② “两会”年年开，“税点”岁岁热。

轨迹而变化发展。税收是经济发展的晴雨表，它深刻地揭示了税收同经济[①]、税收同国家的辩证关系。

二、税收的产生和发展

税收作为一个历史范畴，不是从来就有的，它是人类社会发展到一定历史阶段——国家产生之后的产物，因为国家也不是从来就有的。“曾经有过不需要国家、而且根本不知国家和国家权力为何物的社会。在经济发展到一定阶段而必然使社会分裂为阶级时，国家就由于这种分裂而成为必要了。”[②]“共和国以一个收税人的姿态向着这个阶级表明了自己的存在，而这个阶级则以一个皇帝的姿态向共和国表明了自己的存在。”[③]“捐税表明经济上的国家存在。……国家存在的经济体现就是捐税。”[④]由此可见，税收与国家密不可分。国家产生后，就有了其经济体现——税收。私有财产制度的出现同税收的产生也有着直接的、必然的联系。没有私有财产，就没有征税的对象。只有同时具备这两个条件，才能产生真正意义上的税收。

国家的出现同税收的产生有着本质的、内在的联系。第一，税收是国家实现其职能的物质基础，只有在国家为了行使其职能

① 2017年3月9日，王军局长在接受新华社记者采访时说：“经济决定税收，税收反映经济。”

② 恩格斯：“家庭、私有制和国家的起源”，《马克思恩格斯选集》（第四卷），人民出版社1972年版，第170页。

③ 马克思：“1848年至1850年的法兰西阶级斗争”，《马克思恩格斯选集》（第一卷），人民出版社1972年版，第429页。

④ 马克思：“道德化的批判和批判化的道德”，《马克思恩格斯选集》（第一卷），人民出版社1972年版，第181页。

必须拥有一批专政机构、管理国家的行政管理机构，而这些国家机构及其公职人员，并不直接从事物质生产，但要不断耗用一定的物质资料时，为了满足这种需要，就要向社会成员征税。第二，税收是以国家为主体，以国家公共（政治）权力为依据的特定产品的分配。只有出现了国家，才能有征收税的主体——国家，也才能有国家征税的“凭据”——国家的公共权力。一切国家征税的权力都是从所谓国家所有制而来的，“为了维持这种公共权力，就需要公民缴纳费用——捐税。捐税是以前的氏族社会完全没有的”①。“赋税是官僚、军队、教士和宫廷的生活源泉，一句话，它是行政权力整个机构的生活源泉。强有力的政府和繁重的赋税是同一个概念。”② 国家可以通过多种形式取得财政收入，但用什么方式，要受客观经济条件的制约。只有社会上存在着私有财产制度，而国家又需要将一部分不属于国家所有或不能直接支配使用的社会产品转变为国家所有的情况下，才有必要采取税收方式；而那些本来就属于国家所有或国家可以直接支配的社会产品，国家可以采用利润分配等方式，无须采用税收方式去获得。

“赋税，这是喂养政府的母奶。……赋税，这是与财产、家庭、秩序和宗教并列的第五位天神。”③ 税是悬在纳税人头上的那把达摩克利斯之剑④！

---

① 恩格斯：“家庭、私有制和国家的起源”，《马克思恩格斯选集》（第四卷），人民出版社1972年版，第167～168页。

② 马克思：“路易波拿巴的雾月十八日”，《马克思恩格斯选集》（第一卷），人民出版社1972年版，第697页。

③ 马克思：“1848年至1850年的法兰西阶级斗争”，《马克思恩格斯选集》（第一卷），人民出版社1972年版，第471页。

④ 笔者也曾在自己编著的教材中，借用《共产党宣言》中的“一个幽灵，共产主义的幽灵……”，将税收比喻为“幽灵”。

由此可见，税收是为适应人类社会经济发展的需要，特别是国家的需要而存在和发展的，同时，它又被用来作为执行国家职能的必不可少的经济杠杆。

纵观世界历史，在五大文明发祥地中，非洲的尼罗河流域与古希腊的爱琴海区域都较早出现了税收。据史书记载，最早的税收可以追溯到6000年前诞生于底格里斯河与幼发拉底河流域的苏美尔文明。在我国，“税”字最早见于《春秋》所记鲁宣公十五年（公元前594年）的“初税亩”；而在“税”字出现之前，公元前21世纪[①]，“禹别九州，随山濬川，任土作贡。”（《尚书·禹贡》）“夏后代五十而贡，殷人七十而助，周人百亩而彻，其实皆什一也。”（《孟子》滕文公上）我国税收由东汉时期的“户调制”到初唐的“租庸调制”及中唐的“两税法”；从明代的“一条鞭法”到清朝的“摊丁入亩”，形成了封建社会制度下独具特点的税收。在以农业文明为标志的国度里，税收由漫长的以田赋为正税、其他税为附税，逐渐向关市之征、布缕之征、盐铁之征、茶酒之征演变，以缴纳实物为主逐渐向缴纳货币过渡。直到1916年，当代经济学家贾士毅在《民国财政史》一书中，才率先使用“税收”一词。

税收是国家为实现其职能，凭借公共（政治）权力，以法律规定，参与剩余产品分配、以取得财政收入的一种形式，它体现以国家为主体的特定征缴关系（分配关系）。

如果将税收视为“税金”，它就是政府为了维持其正常运转以及为社会提供公共产品、公共服务，而对纳税人征收的实物或

① 如果说赋税源头是一个说不清的谜团，那么考古研究就是打开谜团的钥匙。从1978年就已开始的陶寺遗址（山西省临汾市襄汾县城陶寺村）的发掘，揭开了尧都平阳的神秘面纱——4500年前就有了维系庞大国家机器的赋税，尧都平阳是华夏赋税的摇篮。

货币的总称。"政府对个人或法律实体强制性征收的款项就是税。"（大英百科全书）

美国国税局对税收的定义是："依据立法机关行使课税权强制征收的，为获得用于公共或政府目的的收入而征收的一种强制性捐献。税收不是为取得某些特权或享有服务的付款，因此，它和依据政府的专门职能和权力征收的其他各种目的的收费是不同的。税收可以被视作一个依法的非自愿的捐献，政府依靠该收入来行使职能。"①

纵观税收的历史轨迹，各国的税收一般都经历了由简单型征税阶段，到专制型征税阶段，再到立宪（立法）型征税阶段的发展过程。② 税收制度的沿革，遵循由简单原始的直接税到多税种的间接税，再到比较成熟、规范的直接税的制度变迁，体现了人类社会对于税负分配的公平和公正的不懈追求。历史发展到今天，在经济全球化背景下，精心设计的税收制度也是国家竞争力的体现。

三、税收特征

税收自产生以来，一直是国家取得财政收入的主要形式。税收与利润、信贷、利息、折旧、罚没、规费等分配形式具有明显的区别，成为一个特殊的分配范畴。税收的特征应是区别税与非税的根本标志。

---

① ［美］凯文·E. 墨菲等著，解学智等译：《美国联邦税制》，东北财经大学出版社 2001 年版，第 4 ~5 页。

② 美国塞力格曼将税收划分为自由贡纳时期、承诺时期、专制课税时期和立宪课税时期四个阶段。

（一）公认的税收基本特征

一般公认的税收基本特征是从征税人的角度（权力）抽象出来的，虽然在具体阐述上有某些差异，但基本形成如下共识：

1. 强制性

任何社会制度下的税收，都是国家凭借政治权力，通过法律形式所进行的强制征收。“没有，从不曾有，也绝不可能有‘自愿’的税收制度。”（唐纳德·C. 亚历山大）税法是国家法律的重要组成部分，所有纳税人都必须依法纳税，否则就要受到法律的制裁。因此，税收是国家取得财政收入的最普遍和最可靠的形式。

由于税收具有强制性特征，在现实中往往将其作为一种惩罚性工具而被采用，如为治理环境污染、抑制烟草危害健康等，对其征以惩罚性税款，即“以税治恶”。“传统的害品税包括‘罪恶税’：对于酒烟及其他对健康有害的物品的征税。一种新型税收是对污染和其他有害的外部效应征税。这些税被称为绿税，因为它们旨在改善环境，同时增加收入。”[①] 但税也不是万能的，“以税治恶”也在遭受更多抵制，应该划定合理明晰的界限。

2. 无偿性

税收是国家对纳税人的无偿征收。征收以后的税款，就成为国家的财政收入，不会付给任何报酬，也不再直接偿还给纳税人。正如列宁在 1921 年所说的：“所谓赋税，就是国家不付任何报酬而向居民取得东西。”[②] 税收的这种无偿性，同债权收入有根本区别。也有人对此持异议，认为应是整体补偿性或不对称补偿性。

---

① 保罗·萨缪尔森、威廉·诺德豪斯：《经济学》，华夏出版社 1999 年版，第 240 页。

② 列宁：“关于粮食税的报告”，《列宁全集》（第 32 卷），人民出版社 1959 年版，第 275 页。

3. 固定性[①]

在征税以前，税法预先对纳税人、纳税对象、税目、税率、应纳税额、纳税期限等作了具体规定，有一个比较稳定的适用期间，是一种固定的连续性收入，而且是不能讨价还价的。税收的这种固定性，使征纳双方都有法可依。但税收的固定性也并非一成不变，国家依据政治、经济环境的变化，可以修改现行税法，调整税收的有关规定。

税收的强制性、无偿性与纳税人财产的私有性，决定了税收征纳双方永远是对立统一的关系。

（二）纳税人视角的税收基本特征

如果从纳税人权利的视角看税收，它应该具有以下三个基本特征：

1. 公平性

市场经济是公平竞争的经济，公平竞争是市场经济的本质特征，税收作为市场要素的一个重要方面，必须为企业参与竞争创造一个公平的税收环境。因此，税收应具有公平性特征。税收的公平性体现在所有纳税人承受的负担与其经济状况相适应，并使各纳税人之间的负担水平保持均衡。它包括两层含义：一是横向公平。经济能力或纳税能力相同的人应当缴纳数额相同的税收，也就是说要以同等的方式对待条件相同的人，税收不应有所区别。二是纵向公平。对经济条件不同的人征不同数额的税。一般而言，经济能力或纳税能力强的人应该多缴税，反之少缴税，即

① 有人不同意“固定性”特征，因为政府债券、罚款也具有“固定性”，应该按征收的意图来区分。因此，认为税收的第三个特征应是“收入性”（财政目的）。如果一项行为完全脱离财政目的，仅以税收的形式实施纯粹的经济强制从而达到寓禁于征的效果，这种税收已经不是真正意义上的税收了。

以不同的负担额对待条件不同的人。不论是横向公平还是纵向公平，税收公平原则强调的是经济能力或纳税能力的问题。

2. 增长性

财政支出的演变规律就是不断增长，称之为财政支出不断增长的规律。在人类财政发展史上，除了战争和特大自然灾害年份之外，财政支出从来没有削减过的先例。（高培勇，2014）因此，税制改革只能是“稳定宏观税负”而非降低宏观税负，不论是绝对数还是相对数，税收收入均呈增长趋势。可见，税收具有增长性，而且是持续增长性。

3. 公共性

既然税收“取之于民”，当然应该“用之于民”。因此，税收具有公共性。占财政收入 85% 左右的税收，当其用于财政支出时，就应以公众利益最大化为目标，以体现其公共性。

四、税收本质

（一）站在社会角度看税收

税收是维系一个民族命运的大血脉（卡尔·马克思）。

税收是我们为文明社会所支付的对价（奥利弗·温德尔·霍姆斯）。[①]

税收就是人民拿出自己的一部分私人的收入给君主或国家作为一笔公共收入。（亚当·斯密）

---

① 这句名言镌刻于美国国内税收署（IRS）——最令人闻风丧胆的政府部门大楼的入口处。

税收犹如一只巨手，或慢或快地推动着历史车轮滚滚向前。税收是推动社会文明进步的燃料，是任何一个现代经济体的核心。民以食为天，国以税为本。强有力的政府，完善的公共服务，都是靠税收支撑的。

一个公平、有效的税收制度可以更好地促进社会公平、正义（缩小贫富差距、实现社会稳定）以及民主、法治建设。税收体现的是以国家（政府，下同）为主体的分配关系。国家征税的过程，反映的是社会再生产过程中人与人之间的利益分配关系，这种分配关系是国家凭借公共权力以法律形式确定的。税收所反映的分配关系，具体体现在所有制形式、税收来源和税款使用方向三个方面。

税收是公共权力主体对剩余产品的无偿占有。税收只能来源于纳税人的剩余产品价值，不能将物化劳动转移价值和活劳动中的必要劳动价值作为税收的价值来源，税收总量不能超过一定时期社会剩余产品的价值总量。一定时期社会剩余产品的价值总量是国家税收的最大限量（上限），否则，会伤及税本，生产经营和投资就会停止，税源就会枯竭。

无税则不国，征税要适度。公共权力主体以税收形式取得的剩余产品份额有“度”的限制。众所周知，对剩余产品的分配形式有多种，税收只是其中之一。剩余产品除满足国家公共权力及其社会管理职能的物质需要外，还是人类社会发展进步的物质基础。税收是非生产费用，政府利用税款提供的公共产品、公共服务是非营利性的，其本身并不创造剩余产品价值，是社会再生产的外在因素（已经脱离社会再生产过程）。因此，只有对剩余产品价值扣除的税收保持适度，即取之有度，才能保证有足够的剩余产品价值用于扩大再生产，进行社会积累，公民生活水平才能不断提高，社会才能不断进步，税源才能持续充盈。

如何确保公共权力主体对剩余产品价值扣除的税收取之有度，最理想的税制设计当然应是国家只征一种直接税——企业所得税。这样，企业计算的应纳税所得额如果是正数，那是真正的"剩余产品价值"，对其征收一定比例的所得税，政府用于向社会提供公共产品、公共服务，而"税后"部分用于企业的经营和分配，合法合规，合情合理。其缺陷是政府不能及时、稳定地取得财政收入，从而不能及时满足政府的财政支出。

税收与国家的公共权力有内在联系，它是用来满足社会公共需要的。纳税人享受政府提供的公共服务和公共产品，就要依法纳税，但享受公共服务和公共产品又不会因其纳税数额的多寡而有差异。

税收是国家调节经济和保证财政收入的重要杠杆，为了实现国家对经济的调节作用，税法规定会具有一定弹性，这是税收的本能反映。税收弹性在实现国家宏观经济调控目标的同时，也赋予了纳税人不一样的纳税负担和税收机会，纳税人基于税收弹性的纳税利益选择就会长期存在。可以说，国家的各项产业政策实际上也是一种税收政策①。

我国明末清初著名理学家、教育家朱用纯（1627～1698）在其《治家格言》（《朱子家训》）中写到"国课早完，囊橐无余，自得其乐"。叮嘱家人要尽快缴完应缴的赋税，税后即使口

① 法国社会学家弗雷德里克·马特尔在其《论美国的文化》中写道："可以毫不夸张地说，在很大程度上，美国文化政策是一种税收政策。"据统计，在美国的文化资助中，平均74.5%来自个人，10.9%来自基金，9%来自个人遗赠，5.6%来自企业赞助。究其原因，必须归功于美国的减税政策。英国政府于1994年开办国家彩票，其总收入的28%用于资助文化创意项目，这部分资金和其他相关税收、金融优惠政策一起共同支持创意产业的发展，使一批重大创意产业项目有了强大的资金支持。除美英外，法、日、韩等国的文化政策也已经转向经济文化交融并重的多元目标体系，并且从国家宏观管理和公共政策的边缘进入中心。

袋所剩无余，也会从中得到乐趣。说明先人已将纳税视为必须履行的义务，完税后，才能乐享生活。“公民从自己的财产中拿出一部分交给国家，为的是确保其另一部分财产的安全，或是为了快乐地享用这部分财产。”[①] 私人财产之所以受法律保护、由所有者支配，就是因为它是完税后的财产（剩余财产）。换言之，只有完税后的财产（收入）才是合法财产（收入），才受法律保护。纳税人只能在履行法定义务——缴纳税款后，才能自由享用或支配其财产（收入）。

（二）站在纳税人角度看税收

换个角度看税收，纳税人如何解读或者说纳税人眼中的税收是什么呢？

1. 税收是成本费用

税的本质是纳税人“购买”政府服务的费用，即所支付的对价，体现的是政府与纳税人的一种交易关系。但在会计中，应将“对价”具体化为“成本”，再进一步而言，是站在作为纳税人主体（税务会计主体）而非负税人主体角度看税收——不论企业缴纳的是间接税还是直接税，计税依据有何不同，税金在哪一环节支付，其实都是纳税人生产经营过程中的成本费用，都是其现金的流出，都是其收入（收益）总额的扣减，最终都会影响企业的财务成果及其分配。换言之，都是纳税人的负担，都是纳税人利益的减少。在会计的视野中，税收与企业的制造成本、流转费用、期间费用没有实质差异，都是成本费用。

在马克思的商品价值学说中，商品价值 W = C + V + M。如果将税收因素加进去，则：

① 孟德斯鸠：《论法的精神》，商务印书馆 2013 年版，第 252 页。

$W = C + V + T + M$

$M = W - (C + V + T)$

可见，与 C、V 一样，T 也是企业发生的成本费用，也是影响 M 的因素。

“税可能是企业所碰到的最大的现金流出之一。……如果说繁杂的税收规则看起来有点稀奇古怪或错综复杂的话，记住，税法是政治力量，而不是经济力量的结果。因此，没有理由要求它符合经济观点。”[①] 当然，我们也没有理由要求税法符合财务会计或者让财务会计（报告）符合税法。

从 2016 年 5 月 1 日起全面推开营业税改征增值税后，计税方法也由原来的价内计税改为价外计税。税务会计当然要按增值税法规定确认计量、记录申报，但财务会计对增值税的处理也予以照搬，其结果是，同样的利润表，在缴纳营业税时，从收入、成本费用到利润，都能显示其存在及其影响；改缴增值税后，像变魔术一样，在利润表中“消失”了。缴纳营业税是纳税人的成本费用（税金及附加），改缴增值税后，难道就不是纳税人的成本费用了？计税方法能够决定税种的性质吗？现行的财务会计处理，恰恰印证了企业是“代政府征收税款，代消费者缴纳税款，……最终消费者才是增值税的最终承担者、实际负担者”[②]。近年来，全国每年 3 万多亿元的增值税收入，难道全是最终消费者所作的贡献？新增价值是在哪个环节创造的、由谁创造的？企业真的仅是充当“代理人”角色吗？

我相信企业家、会计人都是智者，不会天真到认为企业缴纳

---

① ［美］斯蒂芬 A. 罗斯等著，方红星译：《公司理财基础》，东北财经大学出版社 2002 年版，第 25 页。

② 全国人大常委会：《预算工作委员会增值税法律制度比较研究》，民主法制出版社 2010 年版，第 5 页。

增值税与代扣代缴的个人所得税无异。事实上，不论原来缴纳营业税，还是现在缴纳增值税，不论原来是价内计税，还是现在的价外计税，对企业来说，各种税款都是成本费用，都要努力降低。需要认真思考的应该是财务会计与税务会计的关系模式，哪一种模式提供的会计信息更具决策有用性。尤其是对财务会计，其增值税会计处理，是与税法合一还是分离，哪一种处理模式更符合财务会计目标？值得三思。

2. 税收是利益选择

纳税人应是市场经济条件下的理性经济人，其追求的最终目标是自身利益最大化，因此就有与生俱来的自主利益选择的欲望。如果能够在既定法律条件下自主选择，纳税人肯定会做出符合自身利益和意图的选择。降低税收绝对负担的选择，得到的是货币绝对价值；降低税收相对负担的选择，得到的是货币相对价值。以税收为代价实现自身利益最大化的选择，得到的是暂时不能用货币价值衡量的长期经济利益。

3. 税收是一种符号

纳税是企业的法定义务，具有刚性约束，同时也体现其社会责任的履行。在“南方周末·中国企业社会责任研究中心”公布的2016年《中国企业社会责任调研报告》中，企业纳税额和纳税额增速两项指标是企业社会责任评价指标体系重要组成部分，占经济责任指标的26.7%。

企业的纳税记录往往是证明其生产规模、生产能力和经济效益的客观依据，也是评价企业社会贡献、诚实守信的重要依据。因此，企业的纳税记录也就具有符号的意义。纳税人可能会在现行税收法规环境下，选择调节纳税节奏、纳税额度等以实现自我政治意图和经济意图。在这个选择过程中，纳税人付出的是可以确认计量的有形资产，而得到的可能是不能确认计量的无形收益。

五、纳税人意识

（一）纳税意识与纳税人意识

纳税意识（tax awareness）是纳税人依法诚信自觉纳税的意识，它是公民、法人或其他组织对税收的认识及履行纳税义务自觉程度的反映。在现代社会，依法纳税是每个纳税人的应尽义务，也是每个纳税人应有的认知。对纳税人意识（taxpayer consciousness），则有更多的解读：刘怡、易滢婷认为纳税人意识是指在市场经济和民主法治条件下，纳税人基于对自身主体地位、存在价值和权利义务的正确认识而产生的一种对税法的理性认知、认同和自觉奉行精神。[①]张永忠认为纳税人意识是“纳税人对自身利益、地位及其实现方式等的认知和内心要求。”[②]杨力认为纳税人意识是“纳税人通过向政府让渡部分财富，要求国家根据社会意愿提供公共产品的权利实现和权力服务的思想体系。”[③]还有人认为“要把纳税人意识置于社会契约论的视野下来考查，它应该包括两个方面的内容，即公民的纳税人意识与公务人员的纳税人意识。所谓公民的纳税人意识，就是公民的主人翁意识，所谓公务人员的纳税人意识，就是政府公务人员的公仆

① 刘怡、易滢婷：“范拉伊模式下的纳税人意识研究”，《财贸经济》，2005年第7期。

② 张永忠：“唤醒纳税人意识”，《经济师》，2006年第1期，第249页。

③ 杨力：“纳税人意识——公民意识的法律分析”，《西北政法学院学报》，2007年第7期，第20页。

意识。”[1]

纳税人意识是公民意识的体现，要探讨纳税人意识，应该在公民意识范畴内进行，而公民意识包括公民的主体意识、公民的权利意识、公民的社会责任意识。因此，纳税人意识应该包括纳税人主体意识、纳税人权利意识和纳税人义务意识。

基于以上认识，可将纳税人意识定义为：纳税人在依法向政府让渡部分财富（履行纳税义务）的同时，也应享有对政府如何使用税款行使监督权利的感知或反映。

纳税意识与纳税人意识两者属于不同的范畴。纳税意识属于法律范畴，强调意识主体对于自身义务的认知性，而其义务主要源于法律的规定。纳税人意识主要或基本上属于道德范畴，强调意识主体对于其权利、义务的主观能动性的认知，强调征纳双方应从所处的不同地位而享有不同的权力和责任/权利和义务。

为化解税收征管矛盾，应更强调纳税人意识，而非纳税意识，因为纳税意识往往是将纳税人限定在一种被管制、只尽义务而无权利可言的状态下，会使纳税人产生税收抵触心理；而纳税人意识强调权利与义务的对等。公民纳税，国家就应该提供高质量、高效率的公共产品和公共服务，它体现的是政府与公民的一种交易关系。

（二）纳税人意识的内涵

1. 纳税人主体意识

纳税人的主体意识就是纳税人在社会中所具有的独立人格和地位。它是指作为社会中的“人”（自然人、法人、非法人组

① 畅小翠：“社会契约伦理与纳税人意识”，《山西农业大学学报》，2008 年第 1 期第 61 页。

织）——纳税人当然也在其中，对自己摆脱人身占有或人身依附关系，在社会生活中具有独立的人格和地位，能够自我做主，并能对自己的行为负责的认知。确立纳税人主体意识，就是要使每一个纳税人都意识到自己是纳税的主体，意识到他们在纳税过程中的人格是独立的，而不是依附于某单位、某人的，意识到他们在纳税过程中与征税主体的法律地位是平等的，即平等的法律地位、平等的人格尊严。政府不能让纳税变得更美好，但可以让纳税变得更为容易、更受尊重。

如果税收立法中不承认纳税人的权利主体资格，而仅仅将纳税人作为义务主体对待，就不可能有纳税人主体意识的觉醒和纳税人意识的形成。

2. 纳税人权利意识

纳税人的权利意识就是纳税人不仅负有纳税义务，还享有纳税人权利，强调权利和义务是对等的，即没有无权利的义务，也没有无义务的权利，纳税人依法履行了自己的义务就应该享有应有的权利。树立纳税人权利意识，首先要明确纳税人有哪些具体权利；其次，要懂得如何正确运用法律来实现和维护自己的权利。

3. 纳税人义务意识

纳税人的义务意识就是纳税人负有向国家缴纳税款的法定义务和责任。它体现的是纳税人对自身权利和义务的深切了解以及对税金缴纳和税款使用的态度和看法。纳税人的纳税意识说到底是纳税人的纳税遵从意识，纳税遵从意识引导自觉纳税，自觉纳税有利于国家税收政策和法律的实施，有利于国家税收收入的实现。因此，纳税人的纳税义务意识对于政府职能和税收政策目标的实现具有重要意义。

马克思主义哲学原理告诉我们，意识是物质世界发展到一定阶段的产物，是客观存在于人的头脑中的反映。权利意识是公民意识的核心，在建设社会主义法治国家中，仅仅强调“纳税意识”不利于公民意识的形成，而大力培养“纳税人意识”是让公民确立正确的纳税观——在依法履行纳税义务的同时，拥有享受政府提供公共产品、公共服务的权利，拥有对政府税款使用范围、使用效果和使用效率监督的权利。当作为法治国家思想基础的公民意识形成之时，公民对权利与义务的理解不再仅仅停留在口头上，而是体现在行动上，纳税人意识也就不再是空中楼阁，而是真真切切、实实在在。

第二章 税务筹划——理性经济人的必然选择

“生活中最美好的事物是免税的，但政府迟早会找到对它们征税的办法。”不论对法人，还是对自然人，纳税都是不可回避的现实，因为我们都是带着社会义务来到这个世界的。但平心而论，“谁也不喜欢纳税，然而如果谁也不纳税，政府就无法运转”①。纳税是令人十分纠结的问题，在情感上，谁也不愿意纳税；但在理智上，谁也知道应该纳税，因为这是法定义务！

可以说，与税收同样历史悠久的是纳税人对税收负担的抗争。一部税收史，同时也是一部税收抗争史。纳税人的税收抗争意愿实际上就是税务筹划意识，它虽然源远流长，但在实现法定税收之前，即在专制课税时期，其行为

① ［美］罗纳德·杜斯卡等：《会计伦理学》，北京大学出版社 2005 年版，第 159 页。

不会被认可，尤其是深受儒家思想影响的中国，更不会被认可。只有在立宪（立法）课税时代，纳税人的“税收抗争”——税务筹划行为才有可能被认可，并受法律保护或不会受到惩罚。据史料记载，在19世纪中叶的意大利，就有税务专家对企业和个人开展税务咨询，而税务咨询大多是有关税务规划的内容。但在一个相当长的历史时期，“税务筹划”只能说是原始意义上的谋划、规划，它从企业计划中独立出来，并逐步形成一套较为完整的理论与实务体系，应该自20世纪50年代起①。

税务筹划是纳税人为了降低过重的税负、维护自身经济利益，在寻求更为稳妥、更为有效的减税过程中产生的。与税务筹划实务相比，税务筹划理论研究明显滞后，而且充斥着团团迷雾。要使税务筹划实务健康发展，必须重视并加强对税务筹划的理论研究。

一、税务筹划主体和定义

要定义税务筹划概念，必须要明确税务筹划主体。主体不同，内涵不一，概念当然不会一致。目前，在理论界有税务筹划单主体论和双主体论两种认识。

（一）单主体论——筹划的主体是纳税人

（1）荷兰国际财政文献局《国际税收辞汇》的定义是：“税

① 1959年欧洲税务联合会成立，它由从事税务咨询的专业人士和团体组成，其成员遍布英、法、德、意等22个欧洲国家。该联合会明确提出以税务咨询为中心开展税务服务，而税务筹划就是其服务的主要内容。

务筹划是指通过纳税人经营活动或个人事务活动的安排，实现缴纳最低的税收。”①

（2）美国华盛顿大学教授斯特温·J. 赖斯：“税务筹划是纳税人控制自己的经营行为以避免不希望的税收后果的过程，你可以把税务筹划看成是挖掘现行税法中的理论漏洞并设计自己的交易行为以利用这些漏洞的过程。”②

（3）“税收筹划是纳税人在不违反现行税法的前提下，在对税法进行精细比较后，对纳税支出最小化和资本收益最大化综合方案的纳税优化选择，它是涉及法律、财务、经营、组织、交易等方面的综合经济行为。”③

（4）“税收筹划是指在纳税行为发生之前，在不违反法律、法规（税法及其他相关法律、法规）的前提下，通过对纳税主体（法人或自然人）的经营活动或投资行为等涉税事项做出事先安排，以达到少缴税和递延缴纳目标的一系列谋划活动。”④

（5）“税务规划是指预测经营业务的税务影响，并对这些业务进行规划，以使纳税义务最小化。”⑤

尽管上述定义的具体措辞有一定差异，但有基本共识——筹划主体是纳税人，前提是不违法，行为是自主理财，目标是税收收益（利益）。

---

① IBFD：International Tax Glossary，1988.

② Steven J. Rice，“Introduction to Taxation”，South – Western Publishing Co. 1994，p. 5 – 6.

③ 王兆高：《税收筹划》，复旦大学出版社 2003 年版，第 3 页。

④ 计金标：《税收筹划》，中国人民大学出版社 2004 年版，第 6 页。

⑤ 简·R. 威廉姆斯等：《会计学：企业决策的基础（财务会计分册）》，机械工业出版社 2007 年版，第 3 页。

（二）双主体论——筹划的主体是征纳税双方

（1）“税务筹划是指税收事务参与主体就征收管理事务和税款缴纳事务所进行的策划，以期达到一方面将应收的税款尽可能收上来，另一方面纳税人尽可能在政策法规允许的范围内少缴税款以期减少税务成本。由此可见，税务筹划的主要内容分为以上两个领域：一是站在税收征管的角度进行的税收筹划；二是站在纳税人减少税收成本角度所进行的纳税筹划。”①

（2）“税收筹划是指税收征纳主体双方运用税收这一特定的经济行为及其政策和法律规范，对其预期的目标进行事先策划和安排，确定其最佳实施方案，为自身谋取最大效益的活动过程。”②

（3）“税收筹划专门指从国家的角度出发，由税务机关进行的筹划。”“税务筹划指的是各类纳税行为主体，在现行税法规定许可甚至鼓励的范围内，通过对经营、投资、理财活动的事先筹划和安排，尽可能地取得节税的税收利益，并体现国家宏观调控意图。”③

在认为筹划主体是征纳税双方的情况下，纳税筹划、税收筹划与税务筹划就成为三个具有不同含义的概念。既然筹划主体不同，其筹划目标当然各异。令人遗憾的是，迄今只见空洞的论点，未见支撑的论据。

---

① 张中秀：《公司避税节税转嫁筹划》，中华工商联合出版社 2001 年版，第 4 页。

② 艾华：《税收筹划研究》，武汉大学出版社 2006 年版，第 5 页。

③ 谈多娇：《税务筹划的经济效应研究》，中国财政经济出版社 2004 年版，第 30、33 页。

（三）税务筹划主体辨析

笔者认为，在征纳双方法律地位平等但不对等[①]的情况下，对公法而言，应遵循“法无授权（赋权）不可为”的原则，即依法行政。美国著名政治学家沙茨施奈德曾经说过：“真正有权力的人，是那些掌握解释权的人。”税收征管方就是掌握税法解释权的人。2012 年 7 月 3 日，国家税务总局颁布的《关于规范税务行政裁量权工作的指导意见》（国税发〔2012〕65 号）尽管是对税收执法机关的行政裁量权[②]的规范，但也说明税收执法机关拥有行政裁量权，这是纳税人根本不可企及的。2016 年 11 月 30 日，国家税务总局颁布了第 78 号公告《税务行政处罚裁量权行使规则》，从基本原则、裁量基准和裁量规则三个方面对税务行政处罚裁量权的行使进行了全面限制，通过规范税务行政处罚裁量权，切实解决执法实践中裁量空间过大、尺度不统一等突出问题，进一步规范税收执法，尊重和保护纳税人合法权益，促进执法公平，预防税收争议，促进纳税遵从。这是在新常态下对税收行政裁量权的进一步规范。

如果税收执法机关可以进行所谓的“税收筹划”，则会造成对公法的滥用和对纳税人权益的侵害。公权违法比公民违法更可怕，公民违法害及一事，公权违法祸及一方，会使政府付出惨痛的形象代价和经济代价。

税务当局是在投资人与管理者之间的契约中不请自来的另一方“当事人”，它向各方纳税人施加了一系列的契约条款[③]，并

① 在学术界，也有人认为征纳双方不仅法律地位平等，而且也应该对等。

② 行政裁量权是指行政机关行使行政权的过程中，在法律法规的规定限度内做出适当裁量的选择权。

③ 契约的表现形式有税收法律、税收行政法规、税务规章等。

且可以对纳税人的税收遵从情况实施审计（稽查）。作为税收契约的另一方，纳税人缴纳的税款不应超过其法定纳税义务，他们有权事先通过安排其经济活动，努力将税收带来的“损害”降至最低。

至于税务部门如何改进并完善税收征管，“本来就是一个税收经济学和税务管理学的研究范畴，而不应属于税收筹划的范围”。[①] 对征管方来说，只能是依法征管、依法治税。如若认可征税机关也是筹划主体，那么，其“筹划”应该遵循什么原则、用什么手段和方法（技术）“筹划”？谁来判定其“筹划”是否合理、是否合法呢？总不能自己判定自己吧？但愿主张者不是将税务部门的税收收入计划也视为“税收筹划”，那我们研究的就不是同一个问题了。

笔者认为，涉税筹划只应，且只能是纳税人的“筹划”，即只有这一类筹划主体，不可能有所谓“征税机关的税收筹划”。

（四）税务筹划的定义

在明确纳税人是“筹划”主体的前提下，对“筹划”含义的理解与认识也有差异，有狭义的“筹划”[②]，也有广义的“筹划”。笔者认为狭义的税务筹划仅指节税，广义的税务筹划既包括节税又包括避税，还包括税负转嫁等（详见本部分七、八）。这里界定的税务筹划是广义税务筹划。

---

① 黄凤羽：《税收筹划理论与实践》，中国财政经济出版社2003年版。

② 北京泽瑞税务师事务所所长周绍君说：“我认为，绝对不能将‘纳税筹划’等同于纯粹的节税或者是避说，更不能理解为逃税。‘纳税筹划’简单来说，应该是在合法的前提下，纳税人按照税法的相关规定，对自己投资、经营全过程的纳税行为进行的一种合理的安排。……‘纳税筹划’应该是一种按照税法的规定，对自己纳税行为的合理安排。”（《中国税务报》，2004年4月27日）（笔者理解，这种“合理安排”实际上就是节税）

在汉语中，筹划与策划同义，仅是习惯用语而已。在明确纳税人是“筹划”主体的前提下，英语中的“tax planning”，译成“税收计划”“税收筹划”“税务筹划”等，似乎均无不可。除“税收计划”是另一个范畴外，不论“税收筹划”“税收策划”，还是“税务筹划”“纳税筹划”，其实并无本质差异。我国是在20世纪90年代初翻译过来的，当初大多译为“税收筹划”。

根据会计理论与实务的划分，既然税务会计与税收会计是两类非常明确的会计主体，前者是纳税人的“纳税会计”，后者则是税务机关的税款征收解缴会计（简称税收会计）。因此，同一会计主体（纳税人）的“筹划”，称为“税务筹划”对纳税人似乎更为妥帖。再则，如果称为“税收筹划”，根据“税收”的定义，其“筹划”则仅限于“税种”，即涉及某个或某些税种的筹划；但从筹划的基本含义来看，它一般或主要不是针对税种的筹划，而是在纳税人日常经营、企业重组的预测、决策中，对涉税事项的规划，“税务”已不再是传统观念的“税收征收管理”，而是纳税人发生和预计发生的，既涉及程序又涉及实体的涉税事项的全部“事务”。至于“纳税筹划”之称，虽然通俗易懂，主体明确，但若顾名思义，可能会理解为“纳税时”的筹划，而此时此刻再“筹划”，往往为时已晚。因此，如果仅考虑通俗性，称“涉税筹划”似乎更为贴切。

基于上述理解与认识，笔者认为，税务筹划是纳税人在特定税收制度环境下，在遵守税法、尊重税法的前提下，以规避涉税风险、控制或减轻税负、获取税收利益并有利于实现企业财务目标的谋划、对策与安排。税务筹划实际上是一种税收效应，即因政府征税而导致纳税人所做出的经济选择或经济行为。也可以说，税务筹划是一种努力寻找纳税人自身经营活动与税收法规契合点的行为，是一种自主行为和自我受益的行为，当然也是一种自担风险的行为。“税务筹划必须在一个整体环境，相互信任，首先是好的道德氛围下开展。”①

二、税务筹划的发展趋势和学科定位

（一）税务筹划的发展趋势

自20世纪中期以来，税务筹划被越来越多的纳税人所垂青，同时也成为社会中介机构受托业务的增长点。“税务筹划是一个巨大的行业，而且投资于税务筹划的回报也十分可观。”米尔斯、埃里克森和梅杜（1998）估计，大公司用于税务筹划的每1美元支出平均能够节税4美元。（迈伦·斯科尔斯等，2004）税务筹划有风险、有成本，但更有生机，更有魅力！进入21世纪后，纳税人的税务筹划呈现如下特点：

（1）最初的税务筹划都是通过财务会计手段，但随着筹划条件的不断变化，利用税法、税收政策、税收征管等进行税务筹划已日益被广泛利用。因此，税务筹划已经由以财务会计为手段变为财务会计手段与非财务会计手段相结合，税务筹划日渐成为企业的一种经营行为。

（2）由于税务筹划越来越普遍，又因各国政府的反避税措施越来越有力，税务筹划不再只是由纳税人自己来运作，而是要借助社会中介力量，会计师事务所、税务师事务所、律师事务所都已成为企业税务筹划的主要依托力量。越来越多的注册会计

① ［意］埃里希·科齐勒：《税收行为的经济心理学》，中国财政经济出版社2012年版，第93页。

师、税务师、律师加入这一队伍，成为税务筹划的主力军，把为企业进行税务筹划当作一种专门职业。

（3）各国税收法规制度在不断完善，税收的国际协调是发展趋势。税务筹划既要着眼于国内，又要着眼于国际。国内税务筹划与国际税务筹划相互交织、相互促进，税务筹划实践与理论将会有长足发展。

（4）税务筹划由企业的日常经营行为逐步发展为日常经营行为与企业发展战略相结合，成为企业发展战略的一个重要的影响因素，即税务筹划由企业发展战术向企业发展战略的转变——企业税收战略。

（5）随着世界经济一体化、国际贸易全球化的发展，税收也是一种国家竞争力。精密的税制设计，娴熟的税收工具运用，既可以保护我国企业的合法权益、维护国家利益，又可以吸引投资、引进先进技术，培育新的经济增长点。在此过程中，纳税人的税务筹划并非总是与国家利益相悖。

对我国企业来说，在目前欧美等主要国家和组织尚未承认我国完全市场经济地位的情况下，税务筹划还应该特别关注对方国家对我国企业征收反倾销、反补贴（“双反”）的特别关税，全面理解并掌握有关国家和地区组织反倾销、反补贴规则和有关税收立法情况，提供符合国际规范标准的会计资料等相关材料，主动规避对方对“倾销”“补贴”的认定，不为对方征收反倾销税、反补贴税而授人以柄。一旦对方提出反倾销、反补贴诉讼，在预计有胜诉把握时，应积极应诉，以争取企业和国家的最大利益。

当今税务筹划已不是社会少数人的偶然经济行为，它已成为有理论支撑和法律依据的社会经济活动，越来越具有国际普遍性特征，将逐渐演变成一种高智商的经济技巧和经营艺术。2017 年

2月7日，中国注册税务师协会颁布了《税收筹划业务规则（试行)》，明确税收筹划服务的主要内容是：（1）为委托人提供降低税务风险，提高税收遵从度的筹划建议；（2）为委托人提供具备合理商业目的的整体税务规划和筹划方案；（3）为委托人的特定事项提出优化税负方案及建议。这是我国社会中介组织首次对税务筹划服务的规范，是供给侧改革的体现，是可喜的进步。

有人断言，税务筹划是21世纪的朝阳产业。但“对大多数企业来说，税务筹划仍然是皇冠上的明珠”。（［美］《会计技术》，2002年第10期）

税务筹划因税收的存在而存在，因税收法律制度的建立健全和征管水平的不断提高而逐步规范；同样，也会因税收的消亡而不复存在。

（二）税务筹划的学科定位

1. 税务筹划与财务管理职能

根据学科界定，税务筹划属于财务学范畴，但税务筹划的实施不能仅限于财务和会计人员，更应是企业的经营决策者。企业财务管理职能一般分为财务决策、财务计划和财务控制，税务筹划同样体现于财务管理的三项职能中：

（1）税务筹划是企业的财务决策。财务决策是对财务政策、财务方案进行选择和决定的过程，财务决策的目的在于确定最优财务方案。税务筹划完全符合财务决策定义，根据财务决策系统的构成要素，税务筹划主要有：①决策主体。税务筹划作为企业一项财务决策同样有决策主体，即企业高层管理者。②决策客体。企业经营、筹资、投资以及收益分配过程都会涉及税收问题，税务筹划就是要正确选择最佳组织形式、经营模式、筹资结构及投资方向等。③相关信息。企业进行税务筹划，必须及时、准确、全面地获得相关信息，如税收法规制度、会计准则和国家宏观调控政策的颁布、调整、变动等。④决策结果。按照前述税务筹划的一般程序，税务筹划应该从税务筹划的各种备选方案中选择一个最佳纳税方案，即正确进行财务决策。

美国的税收体系是对众多企业决策影响深远的力量，但更重要的是对 MM 理论所涉及的那些类型的财务决策的影响[①]。就这个原因来说，税收因素在财务领域里永远是鹤立鸡群的。(Miller)

（2）税务筹划也是企业的财务计划。财务计划可分为财务规划和财务预算。财务规划是根据财务活动的历史资料和现实要求，对企业未来的财务活动和财务成果作出科学的预计。财务预算是关于资金的筹措和使用的预算。因此，不论从哪个方面来看，税务筹划都与财务计划密切相关：首先，税务筹划是根据各种筹划方案测算应纳税额与税负，据以判断应该采用哪种纳税方案，具有财务规划的特点；其次，税务筹划的一个主要程序是税金的预算，它同时也是财务预算的内容。

（3）税务筹划离不开企业的财务控制。财务控制是通过一定的管理手段对财务活动进行组织、指挥、协调，并对财务计划实施监控，以保证其落实。对于税收筹划来说，纳税人在从事生产经营活动之前应该对各种纳税方案进行规划测算、分析比较。在既定方案的执行过程中，对税款的支出进行监督，对纳税成本进行控制；及时反馈税务筹划方案的执行情况，以便改进后续决策。税务筹划离不开财务控制，财务控制是落实税务筹划方案的有效保证。

由此可见，税务筹划本质上是一种企业理财行为，应该与企

---

① 如果美国总统唐纳德·特朗普在竞选时的所得税改革设想得以实施，即利息支出不得在税前扣除，而其他国家仍可在税前扣除，MM 理论又该如何阐释呢？

业财务目标并行不悖，或者说，应该服从、服务于企业财务目标。2003 年，在“十五”国家级规划教材目录中，教育部首次将税务筹划列入财务管理专业的专业课程目录，成为财务管理专业的专业课程。但税务筹划的实施绝不能仅限于财务和会计人员，更应是企业的经营决策者。

◆理财是一种观念，理财是一种生活态度，理财也是一种理想。

◆纳税人是天生的经济人，包括税务筹划在内的每一项财务行为，都会有成本与收益的比较与考量。

2. 税务筹划与财务报告的冲突

当我们在解读安然公司、世通公司、中天勤、帕玛拉特等财务欺诈案件时会发现：尽管其造假方法“各有高招”，但大多都是虚列收入、少计或延计费用、虚增利润，这似乎与税务筹划目标背道而驰。

企业管理当局通常希望向投资者报告较高的财务会计收入，同时又希望向税务机关报告较低的应税收入，即在夸大财务报告收益的同时，减少应税收入，这就会出现税收利益与财务报告成本之间的冲突。由于财务报告的收益比公司的实际收益高，很可能会导致多缴税。

一般情况下，鱼与熊掌不可得兼，但在节税与财务报告后果两者之间也不都是相悖的，如成立研发有限合伙公司时，发起公司尽量避免举债或分摊研发费用，因为这样会带来较高的杠杆比率和较低的财务报告收益；也就是说，有限合伙人不但有节税的税收动机，而且也同时希望获得较好的财务会计结果，即经营者会有双重动机。由于国家制定税法的原则与制定财务会计准则的原则不同，企业税务筹划的规则通常会有别于财务报告规则，这就会导致应税收入与财务报告收入之间存在差异，企业在进行税务筹划时必须充分考虑两者的差异。

应该看到，某些减少应税收入的交易或事项，也可能会减少报告给投资人的收入。例如，当企业某项资产的账面价值高于其市场价值时，从税收利益考虑，出售该资产可以确认损失，但该行为也要确认为财务报告损失。又如，因税收折旧与会计折旧不同，资产的税基可能与其账面价值存在差异，导致基于两种口径的损失数额也可能不同。企业可能会担心低价或亏损出售该资产将增加资本成本，其金额可能大于节税额。对于自身报酬与会计报告利润紧密相关的经理人来说，出于自身利益考虑，可能会放弃节税计划；而牺牲节税额会产生隐蔽行为，对投资人来说，当然会赞成在这种情况下出售资产，以便节税，但投资人因不了解这些信息而无法惩处未采取节税策略的经理人。管理者为什么会如此关心财务报告中的数据，因为：

（1）其工薪报酬合约往往以财务会计营利为基础；

（2）若账面收入与应税收入之间有大量差异，会招致税务当局更多地检查和审计调整项目；

（3）贷款人订立的控制借贷双方利益冲突的债券契约条款常常是以财务会计数据为基础；

（4）财务分析师、投资人运用财务会计数据为债务和权益证券定价，企业报告较低的收入可能会导致较低的股票价格和较高的利息成本；

（5）各类监管者往往运用财务会计数据监督和控制企业。

可见，税务筹划与财务会计及其报告有密切联系，且在一般情况下表现为与财务报告的冲突，但我们更应该关注的是导致“冲突”的成因及后果。

3. 税务筹划与税务会计

简·R. 威廉姆斯等认为：“税务会计（tax accounting）最具

挑战性的领域不是编制纳税申报表，而是税务筹划。税务筹划是指预测企业交易的税务影响，并按照使所得税税负最小的方式组织这些交易。”[①] 汉弗莱·H. 纳什认为：“公司的目标是在税务会计的限度内实现税负最小化及税后利润的最大化。在永无休止的税务争战中，税务会计只能算是一组‘争战法则’。……税务会计的目标不是会计，而是收益。”[②]由此可见，从会计学的角度看，税务筹划应该属于税务会计范畴。通过税务筹划获得税收利益，是税务会计的目标之一，也是税务会计的价值体现。

日本学者冈部孝好认为：税务会计研究的第二个方面是筹划，可以说是企业经营筹划的一个重要组成部分，从经营者的角度来看，使企业纳税后的利润达到最大化是一个最重要的课题，为实现这一目标必须尽可能地节税，在制订经营计划时，应当选择最有利的节税方案，也可以说税务筹划是管理会计研究的一个重要领域。……从单纯的节税论向经营战略论的转变是税务筹划研究的发展方向，如何通过税务战略使企业在市场竞争中处于有利地位是21世纪税务会计研究的重要领域[③]。我们从诺贝尔经济学奖获得者迈伦·斯科尔斯等著《税收与企业战略》、萨利·琼斯等著《高级税收战略》、梁云凤著《战略性税收筹划研究》等著作中可以看出，税务筹划（税务会计）已经从传统的节税论开始向经营战略论转变，并逐步与战略管理会计对接，为税务筹划（税务会计）展示了空前广阔的发展空间——向战略税务

① 简·R. 威廉姆斯等：《会计学：决策的基础（财务会计分册）》（原书第14版），机械工业出版社2012年版，第3页。

② 汉弗莱·H. 纳什，宋小明译：《未来会计》，中国财政经济出版社2001年版，第17页。

③ 冈部孝好，田昆儒译：“税务会计的课题和领域”，《现代会计》，1996年第4期。

筹划（税务会计）过渡。

（三）税务筹划学科

税务筹划是一门综合性学科，也是一门应用性学科。税务筹划是以应税企业（单位）为主体，以财务目标为导向，以现行税收法规为准绳，以财务会计、税务会计为处理依据，以管理会计为决策手段。可以说，它是一个财务与会计处理系统。税收理论、财务理论和会计理论是税务筹划理论的三大基础理论。

随着世界经济的发展，民主理念的普及和推广，以及资本在国家政治中作用的提升，税务筹划已经由幕后逐步走出来，成为一门独立的学科，一门交叉学科或边缘学科。从税务筹划的目标和作用看，它应属于财务学范畴。

税务筹划学是架起财务（会计）理论研究和税法理论研究的桥梁，其内容是财务理论和税收理论共享的区域。通过财务理论的学习，可以了解如何在税后现金流的基础上作出决策。但对交易的税收结果的确定，还需要通过控制税收成本使现金流量最大化，这就需要税务筹划学来完成。

税务筹划学科的确立，就是要改变纳税人的弱势地位。税务筹划学科的确立，可以使纳税人与征税人由矛与盾的关系，逐步变为卖矛人与买矛人的关系。从本质上讲，税收征纳双方应该是一种合作或者协调关系，双方作用的结果应该是促进税制与税治更加完善、更加规范。因此，从某种意义上说，税务筹划也是一门检验税制与税治的学科。

虽然税法具有技术性，而且也十分复杂，但是它对经营决策原理的应用却是非常直观的。掌握税务筹划知识的人不一定都是税收专家，但应该是税收智者。你可能无法实施一个复杂的税务筹划策略，但只要掌握一般的财务与会计知识，能够识别所有交易的税收含义，就可以理解税务筹划策略是如何改进企业现金流和最大化企业价值的。

在美国的财会、管理等专业的学习中，一门必学的知识就是怎样才能减少缴纳的税金——纳税规划。[①] 从中可以看出，学习和掌握税务筹划知识，早已成为美国财经类专业的基础知识。

三、税务筹划的动因和诱因

（一）税务筹划动因分析

纳税人减轻税负、实现税后收益最大化是其动机和目标，“好的管理者们力图在法律允许的情况下，在最晚的时刻支付最少的所得税[②]”。纳税人恒久存在税务筹划的行为动因[③]，但主观动因最终是否能够通过税务筹划途径得以实现，则主要取决于企业的内外环境和条件。从内部环境看，根据管理学的激励理论，管理者必须得到激励或补偿，才会积极进行涉及不确定结果的税务筹划。董事会对管理层实施股权激励，管理层额外拥有部分剩余所有权，为了自身利益最大化，管理层才会努力增加公司的税后利润。

1. 市场经济与经济人

经济人是市场经济中经济主体的基本特征，经济人是假定人

① 孙凯：《美国联邦税收制度》，中国税务出版社 1997 年版，第 13 页。

② 查尔斯·T. 亨格伦等：《财务会计教程》，华夏出版社 1998 年版，第 351 页。

③ 无需雨水滋润，税赋自然增长（Taxes grow without rain）（犹太古谚）。既然“税赋自然增长”，纳税人自然也会希望少增长、不增长。

的思考和行为都是理性的，当其进行经济决策时，出发点都是为了自身利益最大化。经济人假设是经济学理论的基石，也是研究企业税务筹划动因的理论支撑。

亚当·斯密（Adam Smith）在《国富论》中提出了市场的效率特征，认为经济利益源于个人的自利行为。“我们每天所需要的食物和饮料，不是出自屠户、酿酒家和面包师的恩惠，而是出于他们自利的打算。我们不说唤起他们利他心的话，而说唤起他们利己心的话，我们不说我们自己需要，而说对他们有好处。”“每个个人……所盘算的也只是他自己的利益。……他追求自己的利益，往往使他能比在真正出于本意的情况下更有效地促进社会的利益”。

约翰·斯图亚特·穆勒（John Stuart Mill）依据亚当·斯密对经济人的描述和西尼尔提出的个人经济利益最大化公理，总结出经济人假设并对其加以界定：①经济人是自利的，即策动人的经济行为的根本动机是追求自身利益；②经济人是理性的，即人能根据自己所处的环境条件来判断自身利益并决定行为指向，尽可能实现利益最大化；③人理性地追求个人利益最大化的自由行为往往会无意识地、客观地增进公共利益。

后来，经济人的基本假设被经济学各派所沿袭，成为主流经济学的一切理论推导和政策选择的基础和逻辑起点。在经济人假设中，经济决策主体（消费者、生产者等）的经济行为都是理性的或合乎理性的，总是以利己为动机，力图以最小的经济代价去追逐和获得自身的最大利益。对消费者来说，总是以个人的效用最大化为目标；对生产者来说，总是以利润最大化为目标；对要素所有者来说，总是以自身报酬最大化为目标。

经济人概念是对现实经济生活中一般人的抽象，其基本的内涵是理性和自利。理性是经济人的应有品质，理性意味着：

（1）这是一个主观概念，不能把理性的评价标准强加在他人身上；（2）理性并不意味着结果一定是好的。

自利是经济人的基本动力，自利意味着：（1）“利”不仅仅是指物质上的利益，同时也包括精神上的满足。（2）经济人总是设法使自己的利益得到最大的满足；换句话说，经济人除了他自己的利益追求和最大满足外，并不关心他人，也不同情他人。（3）自利不等于自私，更不等于贪婪。在经济学家的眼中，自利是一个中性词，并不存在冷酷和自私等价值判断的感情色彩。自利作为人类行为动机之一，有效地驱动和影响着人们的经济行为，而自私一般是形容那些不择手段谋取财富的人。对某种行为的善恶评价，并不取决于人是否利己，而是取决于所采取的手段。虽然理性经济人假设认为人生来自利，但作为社会人，经济要经世济民。

经济学将一切经济活动建立在理性经济人的基本假设上，即经济人可以根据市场情况、自身处境和自身利益作出判断，并使其经济行为与从经验中得出的东西相适应，使自身利益最大。“理性”表现在筹划主体对所处税收环境和采取行为的后果是明确的、清醒的，这是市场经济的风险因素复杂性和实现筹划目标的内在要求，并且据此也派生出税务筹划的目标和原则。但在充满不确定性的社会经济活动中，经济人的理性又是有限的（即有限理性），最终的选择不可能最优，只能是在既定条件的约束下，实现相对最大利益。对企业来说，在特定税收环境下，降低税收负担和增加税后收益是其理性的表现，即纳税人在纳税理性的支配下，最大限度地寻求投入最少（纳税额与相关成本）、产出最大（税后利润、企业价值）的均衡。企业是天生的经济人，做与不做、怎么做，都会有成本与收益的衡量。

经济与理性的交织最终可以实现税务筹划行为自利与他利的

均衡。这种均衡可以是在一定经济机制下，以不损害他人利益所实现的帕累托最优（Pareto Improvement）。帕累托最优思想可以用以考量现行税制的合理、有效程度，税务筹划就是纳税人追求帕累托最优的体现，纳税人通过税务筹划尽可能地优化企业财务资源，进而优化社会经济资源。

作为市场经济条件下的理性经济人，纳税人具有与生俱来的自主利益选择的欲望。如果能够在既定法律条件下自主选择，他们当然会作出符合自身利益和意图的选择（朱晓波，2014）。伟大的思想家总能在冷静的理性（受到定量利益驱动的成本效益逻辑）与强烈的感性（情绪）之间弹出令人清醒的平衡音符。

2. 获取纳什均衡效应

税收的征纳关系其实也是一种博弈，在追求企业价值最大化的前提下，双方都有不遵守协议的动机，而税法就是博弈的协议。在纳税人对税收政策的选择与运用中都有着明显的博弈特征，征纳关系中的“纳什均衡”（Nash Equilibrium）是一种动态的平衡，即利益主体的“理性自利机制”一般会在一定规范下与公共利益达成一致。税务筹划是纳税人在不违反税法的前提下，尽量选择对自己有利的税收政策加以运用，一方面可以实现企业价值最大化，另一方面也使国家在制定税法时要考虑纳税人的相机选择，不断完善税制，以期完成筹集财政资金的目的，同时又能起到涵养税源的作用。

3. 公共产品的外部性

公共产品是指能为绝大多数人共同消费或享用的产品或服务，如国防、警察、司法、义务教育、公共福利等都是典型的公共产品。公共产品是相对于私人产品而言的，它具有显著特征：（1）一些人对这一产品或服务的消费不会影响另一些人对该产品的消费，具有非竞争性；（2）一些人对这一产品或服务的利用，不会排斥另一些人对该产品的利用，具有非排他性。公共产品的非竞争性和非排他性，要求公共产品必须由公共支出予以保证，且其经营管理必须由非营利组织承担。

公共产品的性质及供给的特殊性带来另一个问题，即外部性问题。外部性是指对他人产生有利的或不利的影响，但不需要他人对此支付报酬或进行补偿的特性。外部性分为外部经济和外部不经济。外部经济是指生产和消费能给其他人带来收益而其他人却不必进行支付的情况，即“搭便车”问题。

目前，世界各国的财政收入一般都包括税收收入和规费收入两大类。对企业（纳税人）来说，其所负担的“税”与“费”[①]是有差异的：（1）税收具有对“公共产品”付费的性质，规费具有对“个人服务”付费的性质；（2）税收的纳税对象是税法规定范围内的所有纳税人，具有普遍性和统一性，其“支出”与“受益”没有直接的对应性，规费则是针对特定受益者，具有受益与其支出的直接对应性；（3）税收是政府的集中性收入，一般不具有特定用途，而规费一般具有特定用途。由于“税”与“费”的上述差异，企业一般更乐意支付与其享受的特定服务有关的收费，或认为缴纳规费是不能避免的。

如果把缴税看作纳税人为享受公共产品而支付给国家的对价，那么，国家和纳税人的地位是平等的，纳税人在偿付税金负债的同时，获得享受公共产品的权利。但因公共产品具有的外部性，使得对价的支付和权利的享有不是一一对应的，即使没有缴纳税金的人也可以同样享受国家提供的公共产品。也就是说，在公共产品的供求方面，“搭便车”现象随处可见。企业作为追求

① 这里所指的“费”是符合国家规定项目和标准的收费，而非乱收费、乱摊派之“费”。

自身利益最大化的经济人，这种“搭便车”现象的存在使其对纳税有着天生的抵触感，总是希望尽可能地晚纳税、少纳税，甚至不纳税，但同时又希望尽可能地多享受政府提供的公共产品。因此，进行税务筹划减轻税收负担就成为企业的必然选择。

4. 资源的稀缺性

在现实中，人的欲望以及由此引起的对商品和劳务、服务的需求是无限多样的，是永无止境、永不饱和的。然而，用以满足人的欲望和需求的生产资源（生产要素）却是有限的。任何一个经济单位，其财务资源都是有限的，若用于 A，则不能同时用于 B。我们拥有的某些资源虽然是可以循环的，但这种循环需要一定的时间和条件。因此，在一定时期内，资源又是不可循环的、稀缺的。更何况，某些资源本来就是不可循环的。

资源的稀缺性使我们对资源的使用应以效益为原则，努力使之发挥最大效用。企业进行税务筹划的初衷就是在不违法的前提下，努力优化企业财务资源，实现企业价值最大化。企业的现金就是相对稀缺资源，而纳税义务是对现金流量的刚性约束力，即必须要用现金来支付。企业为了获得现金资源的最大效用，在享受定量公共产品的前提下，都会尽力实现支付公共产品的价格——税收的现金支付额最小。

5. 虽不能制定规则，但应充分利用规则

2003 年联合国开发计划署（UNDP）资助委托国际货币基金组织（IMF）实施项目《2002～2006 年中国税收征管战略规划纲要》第 12 章“纳税服务”中写道：“税务机关应充分尊重纳税人希望降低纳税成本的愿望，包括尽可能地节省纳税人的办税时间、金钱与精力。”这是我国官方首次认可纳税人“税负从轻”的原则。

纳税人一般不会或不能参与制定税收规则，是“税务当局向其他‘被迫’加入的各方，即纳税人施加了一系列的契约条款（税收规则）。……税务当局宣布纳税人必须接受一系列的标准条款。……税务当局施加给‘合资企业’的具体契约规则（税收法典）是各种社会经济力量作用的结果”。[①] 既然如此，纳税人只有更好地理解税收规则、充分利用税收规则，即从现行规则下谋取最大的税收利益才是明智之举。中央财经大学刘恒教授曾经说过：“征税如同天下雨，而税务筹划便如同遮雨的伞。”纳税人不能决定天该不该下雨、该下多大的雨，但为避免雨淋，完全可以选择打伞或找地方避雨。

（二）税务筹划诱因分析

政府“为实现各种社会目标而设计的税收制度都不可避免地会刺激社会个体进行税务筹划活动”[②]。利益驱动是税务筹划的动因，但仅有动因还不够，还因为有诱因，而诱因一般有：

1. 税制差异

税制差异既表现在一个国家的税境内，又体现在不同国家（地区）的税境中。由于各国的经济背景不同、税收法律环境不同，其税收管辖权不同，对税收居民的收入来源地的判定标准也不相同。如果是在比较完善的税制规范下，纳税人通过时机的选择、事项的运筹、税务会计要素的确认、计量等有效设计所进行的涉税行为调整，实际上也是其贯彻国家宏观调控政策的选择。

税制差异可以从税收政策的多样性及税率的差异性两方面来衡量。多样性和差异性大大丰富了税务筹划的内涵和外延，并促

① ［美］迈伦·斯科尔斯等：《税收与企业战略》（第 2 版），中国财政经济出版社 2004 年版，第 3 页。

② ［美］迈伦·斯科尔斯等：《税收与企业战略》（第 2 版），中国财政经济出版社 2004 年版，第 4 页。

进了税务筹划理论的发展。正是因为税收政策的多样性才使得税务筹划的方法呈现多样化，诸如减免税规定、抵免税规定、加计扣除、抵扣税额、出口退税等税收政策为税务筹划提供了平台，企业可以综合各项税收政策及自身情况“量体裁衣”，选择最优策略从而获得更多的税收利益。

税率的差异性导致税收顾客的产生，加速了资本的流动。纳税人据此可以选择进入不同行业、选择不同经营方式或购买不同资产等。对此，与其说纳税人是在选择行业或购买资产等，不如说纳税人是在“购买”不同的税收待遇。市场参与者会利用任何因税制差别造成资产收益的差异进行税收套利①，从而导致投资资产价格的变化。

2. 税收法规缺陷

税收法规的缺陷一般指税法内容的缺陷和税法表现形式的缺陷，它既可能存在于实体法，又可能存在于程序法。税法内容的缺陷指税法内容存在疏漏、空白和错误等。税法形式的缺陷指其法律形式过于抽象，致使其内容难以理解，从而产生实施中的问题；又因税收法规的调整、修订需要经过严格的程序，往往表现为滞后性。如我国现行税收法规中的如下问题：

（1）企业重组问题。在深化改革中，企业重组越来越频繁，重组方式不断翻新。但现行税收法规文件对企业重组却是概念不统一、表述不清晰，如《关于企业重组业务企业所得税处理若干问题的通知》（财税〔2009〕59 号）对企业重组概念的定义不明确、不规范；国家税务总局公告 2011 年第 13 号《关于纳税

---

① 税收套利是纳税人通过购买一种资产（多头）和同时出售另一种资产（空头），在净投资为零的水平下产生一个确定的利润。税收套利分为组织形式套利和顾客基础套利两种类型。

人资产重组有关增值税问题的公告》则用了资产重组的概念，但从其所列举的重组方式看，只能称其为债务重组，而不是产权重组。都是现行有效文件，名称不一致，概念界定不严谨，内涵不统一，征纳双方如何理解、怎么执行？纳税人只能从有利于自己的角度去理解，但又容易产生税务风险。

（2）留存收益转增股本。现行规定，企业用留存收益转增股本，应视同“先分配，再投资”两项业务进行税务处理。留存收益转增股本，公司的所有者权益未变，但减少了公司可供分配利润，个人股东不仅没有得到任何“实惠”，根据税法规定，还要视同取得股息，缴纳个人所得税，非居民企业股东需征收预提所得税，并要求公司在宣告转增股本时，代收代缴。

对股东取得的税后利润征税的立法宗旨是鼓励企业不分配，将其实现的留存收益用于扩大再生产，但对企业用留存收益转增股本视同股利分配征税的规定，与立法精神不符。不仅如此，实务中还会出现：因为该税款的承担者是股东，企业是扣缴义务人，必须先垫付税款，然后再由股东偿还；而股东没有实际取得收益，却要另筹钱缴税，既不合理也不现实。

（3）资本公积金转增股本。企业在筹集资金的过程中，投资人投入资本超过其注册资金数额为资本溢价，而股份有限公司溢价发行股票时实际收到的款项超过股票面值总额数额称为股本溢价。资本溢价与股本溢价两者本质相同，企业会计处理上也均在“资本公积”科目核算。但按我国现行税法规定，当企业将股本溢价或资本溢价转增股本（注册资本）时，股份有限公司与其他类型企业的自然人股东却有着不同的税收待遇。同样是转增股本，如果是股份有限公司，自然人股东不缴个人所得税；如果不是股份有限公司，自然人股东就要缴纳个人所得税。

执行上述规定，同种情况，会导致纳税人有的缴税、有的不缴税，有的缴税多、有的缴税少。水不平则溢，物不平则鸣，“吃亏者”当然会想方设法减少其“损失”。

3. 税负过重或执法不严

当税负过重或税收执法不严、不公时，会导致税务筹划行为的产生，甚至还可能会产生逃税、抗税等违法行为。另外，税务机关的过度执法、不当执法也是激发纳税人税务筹划的诱因。税收是政治、经济及社会的敏感神经，纳税人的“税感”越来越强，其本能反应实际上是对税法、对税收执法的一种评判。当然，纳税人的异化反击，也可以促进税收执法水平的不断提高，但这是另一个问题。

四、税务筹划是纳税人的基本权利

（一）税务筹划是纳税人的适法权益

在市场经济条件下，国家承认企业的独立法人地位，企业自身利益独立化和法定范围内的企业经营行为自主化。企业作为独立法人所追求的目标是如何合理合法地、最大限度地满足自身的经济利益。无论从法律还是从企业行为看，企业权益归根到底是企业的权利和利益。企业利益是从企业权利派生的，有权利才可能有利益。任何利益都产生于一定的权利。企业权利是客观存在的，是由企业赖以生存的社会经济条件及企业承担的义务决定的，可以说，有什么样的社会经济条件就有什么样的企业义务，就有什么样的企业权利以及由此派生出来的企业利益。

企业权利作为社会经济发展到一定时期的产物，其内在质与量的规定性要由这种内容的形式表现并明确下来，这种形式就是法律。法律对权利的规定是实施权利的前提，但还需要企业在遵守法律的同时，主动地实现其需求，即企业对自己采取的主动而有意识的行为及其后果，事先要有所了解，预测将会给企业带来的利益或损失。

税务筹划就是纳税主体具有法律意识的主动行为。尽管各国法律一般都没有明确规定纳税人的税务筹划权利，但从法律的推演看，税务筹划应是纳税人的一项基本权利。因此，也有人认为税务筹划是属于法律外的权利，也可以说是纳税人的适法权益。

纳税人在法律允许或非不允许的前提下，有从事经济活动、获取收益的权利，有选择生存与发展、兼并与破产的权利。税务筹划是企业对其资产、收益的正当维护，属于企业应有的经济权利。纳税人对经济利益的追求可以说是一种本能，具有明显的排他性和利己特征。税务筹划应是在企业权利的边界内或边界线上，超越企业权利的范围和边界，必然构成对企业义务的违背、践踏，而超越企业义务的范围和边界，又必然构成对企业权利的破坏和侵犯。对纳税人来说，遵守权利的界限是其应承担的义务，坚守义务的界限又是其应有的权利。税务筹划没有超越企业权利的范围，应属于企业的正当权利。

税务筹划是企业对社会赋予其权利的具体运用，属于企业应有的社会权利。企业的社会权利是指法律规定并允许的受社会保障的权利。它不应因企业性质、经营状况、贡献大小不同而有差异。鼓励企业遵守税法、依法纳税的最明智的办法就是让企业充分享受其应有的权利（其中包括税务筹划），而不是剥夺其权利、促使其走违法之途。

税务筹划体现纳税人权利保护原则。从社会契约论与交换论的角度看，国家与纳税人在税收上是平等关系与交换关系，但具体到某一纳税行为，就变成了纳税人单方面支付税款给强大的国家（政府）。因而，在征纳税过程中，强调保护纳税人权利显得非常重要。

企业税务筹划的权利与企业的其他权利一样，都有特定界限，超越（不论主动还是被动）这个界限就不再是企业的权利，而是企业的义务，就不再是合法，而是违法。企业的权利与义务不仅互为条件，而且可以相互转换。在纳税上，其转换的条件是：

（1）当税法中存在的缺陷被纠正或税法中不明确的地方被明确后，企业相应的筹划权利就会转换成纳税义务。如某种税由超额累进税率改为比例税率后，纳税人利用累进级距的不同税率而进行的筹划就不存在了。

（2）当国家或政府对税收法规中的某项（些）条款或内容重新解释并明确其适用范围、计税依据后，纳税人原有的权利就可能转变成义务。由于税收法规中的某项（些）条款或内容规定不明确或不适当，纳税人就有了税务筹划的权利；如果政府发现后予以重新解释或明确其适用范围，那么对有些纳税人就可能不再享有筹划的权利，而且再发生这种经济行为就可能变为纳税义务。

（3）当税收法规中的某项（些）特定内容被取消后，税务筹划的条件随之消失，企业的筹划权利就转换为纳税义务。如某项税收优惠政策（对某一地区或某一行业）取消后，纳税人就不能再利用这项优惠政策进行筹划，而只能履行正常的纳税义务。

（4）当企业因实施税务筹划而对其他纳税人的正常权利构成侵害时，企业的筹划权利就应受到制约，就要转变为尊重他人权利的义务。也就是说，企业税务筹划权利的行使是以不伤害、不妨碍他人权利为前提。

◆如果说生活是感性的，投资则应该是理性的，税务筹划同样也应该是理性的。

◆税务筹划是穿过流动沙漠的旅行，你要随时准备应对瞬息万变的天气变化。

（二）税务筹划是纳税人的预期激励

预期激励理论是由美国心理学家和管理学家维克多·弗隆姆（V. H. Vroom）提出的。该理论认为人是有思想的、是理性的，人们的需要、目标、期望决定了激励的程度，人只有在预期能够达到某种目标的情况下，才会被充分激励起来，从而采取行动以达到这一预期目标。预期理论侧重于激励的过程。弗隆姆的预期理论是从“外在目标”入手研究激励问题，能否科学界定“外在目标”是决定有无激励的首要因素。

根据预期理论，纳税人的税务筹划就是一种税收预期激励。纳税人认识到通过税务筹划可以获得更多的税收利益，他才会积极努力。预期激励是纳税人的一种权利，只要其预期激励不违反税收法规规定，就应该得到鼓励或肯定。纳税人有权为了利用预期激励而规划自己的交易事项，不多缴超过法定规定的税款。纳税人在预期激励下建构自己的交易事项是其权利，是在现行法律环境下的一种创新意识，也可以说是合理避税的一个别样措辞。其实，政府也在利用税收的预期激励作用，以实现国家的宏观经济调控政策，如制定减免税政策，可以起到鼓励对特定行业（项目）或地区的投资，或鼓励出口等作用。

（三）税务筹划的行为规范

企业要在有关法律（不限税法）的约束下，通过内在经营机制的优化而谋取最大限度的利益增值，这是企业经营理财

（含税务筹划）的行为准则和根本出发点。税务筹划作为企业维护自身利益的必要手段，不能仅考虑税负的减轻，应将减轻税负置于企业的整体理财目标之中。为此，要充分考虑（分析）：①企业采取怎样的行为方式才能达到最佳的税务筹划效果，即有利于企业财务目标的最大化；②税务筹划的实施对企业当前和未来发展是否会产生现实的或潜在的损失；③企业取得的税务筹划效应与形成的机会成本配比的结果是否真正有利于企业内在经营机制的优化和良性循环；④企业税务筹划行为的总体实施是否具有顺应动态市场的应变能力，即具有怎样的结构弹性、可能的结构调整成本及风险程度；⑤企业进行的税务筹划是否存在受法律惩处的可能性，一旦筹划失败将给企业带来什么后果等。如果单纯为了减轻税负，就可能出现以下负效应：

第一，税务筹划的显性收益抵补不了税务筹划的显性成本（税务筹划成本过大，收不抵支）；

第二，税务筹划的显性收益虽然大于相应的显性成本，但其净收益却低于机会成本；

第三，税务筹划的净收益虽然超过机会成本（损失），但因片面税务筹划动机导致的筹资、投资或经营行为短期化，使企业资金营运的内在秩序受到干扰，影响企业资金未来的获利能力，形成潜在损失。

第四，存在触犯法律的可能性，形成机会成本（损失）。

由此可见，单凭主观动机或愿望并不一定就能减轻税负、降低税收成本，只有将主观动机与决策水平较好地融合于具体的经营理财行为中，并通过对客观环境和条件的深刻理解与充分把握，在对国家未来经济政策走向、国内外市场动态准确预测的基础上，才能有效而持续地进行税务筹划。决策者一定要充分掌握税收理论与政策，而不仅仅是筹划技巧。

在利益相关者对企业税收负担及其在纳税人之间分配的相关研究中（考虑税收顾客与税收套利），应该重视隐性税收问题，不应夸大税盾效应；当非税成本中有隐藏信息时，如何实现税负最小化，这是需要认真考虑的问题；在边际税率的研究中，除了应该考虑显性税收因素外，还应研究非税成本和隐性税收的边际效应问题。

五、税务筹划的意义和特点

（一）税务筹划的意义

企业正确地进行税务筹划，不论在微观上还是在宏观上，都有其积极意义。

1. 税务筹划有助于提高纳税人的纳税意识

税务筹划与纳税人纳税意识的增强具有客观一致性和同步性的关系。企业进行税务筹划的初衷的确是为了不缴、少缴或晚缴税，但企业的这种安排采取的是合法或不违法的形式，企业对经营管理活动进行税务筹划是利用国家税收调控政策取得成效的具体说明，同时也是纳税人意识的具体体现。纳税意识的体现是：(1) 按规定办理税务登记；(2) 能够正确界定财务会计与税务会计的关系，财务会计票账证齐全、会计处理符合准则要求，税务会计确认计量、申报缴纳等符合税法规定；(3) 主动配合税务机关的纳税检查；(4) 接受税务机关的处罚。

2. 有助于提高企业的财务管理与会计管理水平

资金、成本、利润是企业财务管理和会计管理的三大要素，税务筹划就是为了实现资金、成本、利润的最优组合，从而提高企业的经济效益。企业进行税务筹划离不开会计，会计人员既要熟知会计准则，更要熟知现行税法，要按照税法要求开具和取得发票、设置账簿、进行会计记录并填报纳税申报表及其附表，从而也有利于提高企业的财务管理和会计管理水平。

3. 有利于提高企业的竞争力

企业进行税务筹划，减轻了企业的税负，企业收入和利润增加了，企业的竞争力提高了，税源充盈，国家的收入自然也会随之增加。因此，从长远和整体看，税务筹划不仅不会减少国家的税收总量，甚至可能增加国家的税收总量。

4. 有助于优化产业结构和资源的合理配置

纳税人根据税法中税基与税率的差别，根据税收优惠政策进行投资、融资决策、企业制度改造、产品结构调整、产权结构调整等，尽管在主观上是为了减轻税负，但在客观上却是在税收经济杠杆作用下，逐步走向优化产业结构和生产力合理布局的道路，体现国家的产业政策，有利于促进资本的有效流动和资源的合理配置，也有利于经济的持续增长。

5. 有利于提高税收征管水平，不断健全和完善税收法律制度

纳税人的税务筹划虽不违反税法，但不一定都符合政府的政策导向。它涉及的是法律范畴，作为征管方，也只能在法律范围内加强征管，而不涉及道德问题。它可以促使税务当局及早发现现行税收法规中存在的缺陷和漏洞，依法定程序进行修改，促进税法不断健全和完善，不断提高税收征管水平。

6. 促进社会中介服务的发展

成功的税务筹划需要综合的专业知识，复杂的筹划方案更需要专门人才的系统设计，其实施具有诸多的不确定性。因此，对大多数企业来说，会显得力不从心。这就需要税务代理咨询机构

提供税务筹划服务，就会促进注册会计师、税务师、律师、评估师、财务分析师等中介服务的发展。

（二）税务筹划的特点

1. 事前性（前瞻性）

税务筹划应当在应税行为发生之前进行谋划、设计与安排，即事先测算企业税务筹划方案的预期效果。在经济活动中，纳税义务通常具有滞后性。企业交易行为发生后，才会发生纳税义务，才可能缴纳有关流转税；收益实现或分配后，才可能缴纳所得税；财产取得或应税行为发生后，才可能缴纳财产税、行为税。这在客观上提供了应在纳税前作出筹划的可能性。另外，经营、投资和融资活动是多方面的，税法规定也是有针对性的。纳税人和纳税对象的具体情况不同，税收待遇也往往不同，这为纳税人选择较低税负提供了机会。如果经营活动已经发生、应缴税款已经确定，再去谋划获取税收利益，则不属税务筹划行为，而是税务违法行为。

2. 目的性

税务筹划具有很强的目的性，就是要取得纳税人的税收利益。它有两层意思：一层意思是选择低税负。低税负意味着低的税收成本，低的税收成本则意味着高的资本回报率；另一层意思是递延纳税时间（非指不按税法规定期限缴纳税款的欠税行为），税款缴纳期的递延，除了可以获得资金时间价值外，还可能减轻税收负担（如避免较高的边际税率）。不管是哪一种，其结果都是税款支付的节约。

3. 政策导向性

政府为了某种经济或社会目的，针对投资人、经营者、消费者希望减轻税负、获得最大利益的心态，有意识地制定一些税收优惠、税收鼓励、税法差异政策，引导投资人、经营者、消费者采取符合政府政策导向的行为，其结果是实现“双赢”。

4. 权变性

各国的税收政策，尤其是各税种的实施细则、配套法规等，随着政治、经济形势的变化会经常发生变化，纳税人应随时关注涉税国家（地区）的税收法规变动，及时进行税务筹划的应变调整，即应该做到随机应变、顺势而为、捷足先登。没有常胜的税务筹划方法，只有适宜的税务筹划方法。

5. 普遍性

纳税人的普遍性决定了税务筹划的普遍性。在税法面前，所有纳税人都可以、都有权进行税务筹划，关键是纳税人是否具有税务筹划的能动性和专业性。

（三）税务筹划是一个会计系统

税务筹划是税务会计的两大基本目标之一。税务会计的相关数据可以作为税务筹划等理财活动的决策依据，它与企业的管理决策活动密切相关。税务筹划虽然是微观纳税主体的一种会计核算、监督和决策方式，但其所反映的税收活动，从起源、职能、本质到发展规律，都是以宏观税收会计为出发点，涉及税收原理、税收分配、税收征管等税收经济学领域。因此，税务征管机关的税收会计与纳税人的税务会计主体各自的发展，客观上督促或确保了企业纳税申报的自觉性和正确性。但税收征管、税收分配等税收实践往往以强制性的法律关系为后盾，明确税收的权力与责任、权利与义务等法律关系，进而形成了税法。税务筹划就是根据税法中法律法规的课税标准确认核算范围，并且将其量化的一种会计核算系统。

从各方的关联角度出发，税务会计将宏观的税收经济活动的基本概念、原则等纳入法学的框架之内，通过纳税申报与纳税监管，沟通政府税收会计与税法之间的联系。同时，在税收微观领域的税务会计借助于财务会计的一系列理论与方法，以税法为准绳，将企业应缴、实缴的税款和应履行的纳税义务通过会计系统予以反映。当然，在以税法为法律依据纳税前，企业可以充分利用自己的经验和对税收法规的熟练掌握，并且在不违反税法的前提下进行税务筹划，并且在其会计系统中予以反映。

如果说税务会计是一个经济信息系统，而它所包括的税务筹划或者说独立的税务筹划，则应该是一个资源配置系统，这就与财务的本质——资本资源的配置系统或现金配置与流转系统，具有高度一致性。

六、税务筹划的目标和原则

（一）税务筹划的目标

目标就是努力的方向，就是希望达到的标准或境地。目标往往与任务相联系，即所谓“目标任务”。目标不仅可以分层，还可以组合。目标分层可以使目标层次化，使之更具针对性和可操作性。千里之行始于足下，一步一个脚印，方能逐步接近理想的彼岸。目标组合有利于提高企业的运营、偿债、盈利能力和整体效益。当然，目标也有主次之分，目标也不是一成不变的，税务筹划目标要因纳税人而有差异。

1. 税务筹划的基本目标

企业的财务目标是实现企业价值最大化，这就要求企业要以最小的成本投入换来最大的收益产出。因此，税务筹划的基本目标是在遵守税法和尊重税法前提下，实现企业税后收益最大化，而不是简单的缴税最少、缴税最晚。“纳税人会寻找各种途径［合法（避税）和不合法（逃税）］使税后收益最大化。”[①] 萨莉·M. 琼斯、谢利·C. 罗兹–盖特纳奇在其所著《税收筹划原理》（第11版）中指出：“税收筹划意味着降低税收成本来最大化公司的价值。”同样是这两位作者，她们在《高级税收战略》一书中写道：“经营和财务决策的目标是税后价值最大化。”这说明了税务筹划目标与财务决策目标的一致性，也说明了不能忽视税收因素对公司经营和财务决策目标的影响。

税务筹划是基于企业自身加强财务管理、提高企业竞争力的需要，因此，其目标与企业财务目标应该是一致的。但与企业一般财务活动相比，税务筹划有其独特的视角，即从税收的角度或因素，通过对企业筹资、投资、经营、股利分配等财务（商业）活动的精心安排，使纳税人的实际可支配财务利益最大化。

2. 税务筹划的具体目标

与税务筹划的基本目标相比，税务筹划的具体目标更容易量化，也更可以体现目标的“多元化”，可用来具体指导企业的税务筹划实务。

（1）正确履行纳税义务，降低涉税风险。正确（恰当、得当）履行纳税义务是税务筹划的最低目标，也是基础目标。旨在规避纳税风险、规避任何法定纳税义务之外的纳税成本（损失）的发生，避免因涉税而造成的名誉损失，做到诚信纳税。如果偏离了税收遵从（Tax compliance），企业将面临涉税风险。

① ［美］雷蒙德·J. 克拉尼斯基（Raymond J. Krasniewski）：“财务会计和税务会计的联系与区别”，《会计研究》，1995年第2期。

为此，纳税人应做到税收遵从[①]，即依法进行税务登记，依法建账并进行发票、账证管理，依法申报纳税，在规定期限内缴纳该缴的税款。“税收遵从可能是描述纳税人纳税意愿的最中性术语。税收不遵从表示不履行纳税义务的概念总括，不论不履行是否是出于故意。但是，遵从的程度是不同的，不遵从并不必然地暗示违反法律。……一方面，持续的不遵从是非法的，另一方面，不遵从也可能是在符合法律规定下发生的。”[②]

税制具有复杂性、频变性，这就意味着纳税义务不能自动履行，纳税可能会给企业带来或者加重企业的经营损失、投资扭曲和纳税支付有效现金不足等风险，纳税人必须及时、正确、全面地掌握所涉税境的税法规定，尽可能避免纳税风险导致的机会成本的发生，努力实现涉税的最低风险。

（2）降低纳税成本。纳税成本亦称税法遵从成本、奉行成本。降低纳税成本与正确履行纳税义务，虽然都是防守型的税务筹划目标，但也都是最基础的目标。纳税人为履行纳税义务，必然会发生相应的纳税成本[③]。在应纳税额不变的前提下，纳税成本的降低就意味着纳税人税收利益（税后收益）的增加。纳税成本包括直接纳税成本和间接纳税成本。前者是纳税人为履行纳税义务而付出的人力、物力和财力，即在计税、缴税、退税及办理有关税务凭证、手续时发生的各项成本费用；后者是纳税人在

① 除纳税人自身因素外，税收的法定性和公平性、税收征管的便利性和税收执法的公正性对纳税人的税收遵从度也有明显影响。

② ［意］埃里希·科齐勒著：《税收行为的经济心理学》，中国财政经济出版社2012年版，第31页。

③ 对纳税人来说，其纳税成本中有一部分是不可控成本，即税收遵从成本。而“遵从成本”的高低，则主要取决于国家税制的公平程度。2003年9月12日《中国税务报》披露，美国联邦所得税制的遵从成本每年估计为2250亿美元，约占年所得税收入的29%，而小公司所承担的税收遵从成本是大型公司的27倍。

履行纳税义务过程中所承受的精神负担、心理压力等。直接纳税成本容易确认计量，间接纳税成本则需要估计或测算。税制越公平，纳税人的心理越平衡；税收征管越透明、越公正，纳税人对税收的恐惧感、抵触感便越小；税收负担若在纳税人的承受能力之内，其心理压力就小。

纳税成本的降低，除纳税人应增强纳税成本意识、不断提高涉税业务素质等主观因素外，还与税制设计是否合理（如繁简、罚则等是否适度）、征管水平、征管手段和征管方式等有直接关系。因此，不断健全、完善税制及提高税收征管人员的业务素质和执法水平，也是降低纳税成本的重要因素。由此可见，纳税成本的高低不完全取决于纳税人，但从税务筹划的目标分析，降低纳税成本主要应从企业自身努力。

纳税成本的降低，不仅会增加企业的账面利润，同时也会增加企业的应纳税所得额，从而增加政府的税收收入①。

（3）获取资金时间价值。如果纳税人能够合理有效地运作其资金，在不考虑或无通货膨胀的前提下，则随着时间的推移，货币的增值额会成几何级数增长。通过税务筹划实现递延纳税，相当于从政府取得一笔无息贷款，其金额越大、时间越长，对企业的发展越有利。在信用经济高度发展的时代，企业一般都是负债经营，而负债经营既有成本又有风险。企业负债规模要适度，负债结构应合理。通过税务筹划实现的推迟纳税，可以降低企业经营成本，有利于改善企业的财务状况。

在考虑货币的时间价值时，如果涉税税种是超额累进税率，还应考虑边际税率因素，因为边际税率的改变可能会抵消货币时

① 政府也应重视税收征管成本管理，努力降低征管成本，在不增加纳税人税负的前提下，增加政府的实际可支配财力。

间价值的作用。另外，获取递延纳税的时间价值是假定税制和币值不变，如果预计未来税制、币值、汇率等可能发生变化，应充分考虑其变动趋势，避免日后出现与预计相反的结果，那就“聪明反被聪明误”了。

（4）减轻税收负担。税收负担是指纳税人因税收而承受的经济利益的牺牲或福利损失，即其承担的税收负荷。在税负理论研究中，税负有各种分类，如宏观税负与微观税负、直接税负与间接税负、名义税负与实际税负、货币负担与真实负担等，其表现形式分绝对额与相对额（即负担率）。经济学家的税负研究成果连篇累牍、不胜其详，且时有热点——比如媒体热议我国企业的实际税收负担率，说是“接近40%的水平，对企业意味着‘死亡税率’”，“中国制造业的综合税负比美国高35%”。对此，笔者没有做过调查，也不掌握相关数据，没有资格置评。

在税务筹划目标研究中，税收负担仅指微观个体的税收负担，而且是指纳税人而非负税人的税收负担。从会计主体的角度看，在计算纳税人的实际税负时，应不应该考虑税负转嫁和被转嫁因素？其实，纳税人在将税负转嫁给他人时，也可能在被他人转嫁。因此，在计算企业实际税负时，没有必要考虑（计算）转嫁额与被转嫁额，即不必考虑纳税人与负税人分离的问题。一是税负转嫁额和被转嫁额实际上很难准确计算出来；二是即使测算、计算出来，也没有合法合规的会计凭证作为依据，也不能进行会计确认；三是它已经体现在购销价格中，没有必要再进行主观剥离。可以说，如果纳税人测算、计算自己的“税负转嫁额”，那是自娱自乐，在做无用功。

从会计的角度看，单凭百分数不能说明什么问题，关键是其含义——是百元财务会计收入的比例，还是百元财务会计利润的比例？而且必须明确的是，收入、利润额应该是按会计准则确认计量的结果，应交税金（还应包括不予抵扣、不能退回的税金）当然应该是按税法确认计量的结果。这些真实、准确的数据（而不是所谓的“替代变量”）分别来自会计主体的财务会计与税务会计。[①] 企业既可以分税种计算实际负担率，又可以计算税收整体负担率；既可税费分别计算负担率，又可税费合并计算负担率。不同口径的负担率有不同的经济含义，离开具体经济含义的百分数没有实际意义，至于理论研究中的税负分析、实证检验，都是从上市公司公布的财报中确定的替代变量、选取的样本数据，可以进行产业、行业的税负（趋势）分析，但对特定会计主体来说，与自己又有多大关系呢。

减税降费固然值得期待，但税务筹划更为主动积极。纳税人关心的当然是会计提供的、自己的实际税率（负担率）及其与名义税率（法定税率）的差异。分析哪些因素导致企业税负增加、税收对财务指标有哪些影响等，结合企业的经营战略和经营计划，有针对性地制订并实施筹划方案。税负轻重，冷暖自知，心中有数，何需张扬[②]。经济学家的讨论和争论，对纳税人来说并非密切相关，但可作为茶余饭后的谈资。

3. 税务筹划的目标分析

（1）增加收益还是资本增值。纳税人对财务收益的要求大致有三种：第一，要求最大限度地增加每年的收益；第二，要求若干年后纳税人资本有最大的增值；第三，既要增加收益，也要资本增值。对不同的要求，税务筹划的着力点也是不同的。

---

① 计算百分比的分母——收入、利润等应是来自财务会计的数据，而其分子则是税务会计依据税法计算的数据，其计算结果才是不同含义的“实际负担率”。

② 只做不说——“与中国合作，但不要让任何人知道，这似乎是亚洲开发银行现在的重要目标。”（《参考消息》，2017 年 7 月 28 日）税务筹划，尤其是避税，实施者大多遵循的也是“只做不说”的原则。

（2）降低税收成本的问题。税务筹划作为企业的一项理财活动，其本身也有成本，除直接成本外，还有间接成本——非税成本。非税成本是指企业因实施税务筹划所产生的连带经济行为的经济后果。非税成本是一个内涵丰富的概念，有能够量化的内容也有不能量化的内容，具有复杂性和多样性。在不同纳税环境下，不同筹划方案引发的非税成本也有所不同。在一般情况下，税务筹划的非税成本有代理成本、交易成本、机会成本、组织协调成本、财务报告成本、沉没成本和违规成本等。

在税务筹划时，不能只考虑税收成本的降低，而忽略因筹划方案的实施所引发的其他费用的增加或收入的减少，必须综合考虑采取某个税务筹划方案是否能给企业带来绝对的收益。任何一项筹划方案都有其两面性，随着某一筹划方案的实施，纳税人在取得部分税收利益的同时，必然会为该筹划方案的实施而付出额外的费用，以及因选择该筹划方案、放弃其他方案所损失的相应机会收益。“在稀缺的世界中选择一种东西意味着要放弃其他东西。一项选择的机会成本也就是所放弃的物品或劳务的价值。”（保罗·萨缪尔森）

当新发生的费用或损失小于取得的利益时，该项筹划方案才是合理、有效的，当费用或损失大于取得的利益时，该筹划方案就是不可取的。一项成功的税务筹划必然是多种税收方案的优化选择，不能认为税负最轻的方案就是最优的税务筹划方案，一味追求税收负担的降低往往可能导致企业总体收益的下降。

迈伦·斯科尔斯等在《税收与企业战略（筹划方法）》中提出了有效税务筹划（effective tax planning）概念，认为“有效税务筹划在实施最大化税后利益的决策规则时要考虑税收的作用。在交易成本昂贵的社会里，税负最小化策略的实施可能会因非税因素而引发大量成本”。当获取的税收利益小于为此付出的非税成本时，税务筹划策略并不能增加企业的价值。只有预期收益大于相关成本时，才是有效税务筹划。有效税务筹划要求同时考虑税收利益与相关的成本，而不仅仅是税负最小化。仅考虑税收后果而不考虑经营结果，称不上真正的税务筹划。

（3）减轻税收负担的问题。所有税务筹划都不可能将税负减少到希望的最小化水平，而且税款支出最小化也并不意味着一定就是税后收益最大化。因此，减轻税负必须是在纳税人整体收益增长的前提下才有实际意义，即减轻税负是为了实现税后收益最大化。当实施某项税务筹划方案而使税收负担最低与其税后收益最大呈正相关时，税收负担最低就是税务筹划目标。当实施某项税务筹划方案而使税收负担最低与税后利润最大呈负相关时，税务筹划应以企业财务目标为准，即税务筹划要服从、服务于企业的财务目标。从这个角度上说，税收负担最低是手段而不是目的。

企业的任何一项经济活动，可能会涉及多个税种，税务筹划不能局限于个别税种税负的高低，而应保证整体税负最轻。在考虑整体税负的同时，还要着眼于生产经营业务的扩展，即使缴纳的税款绝对额增加了，甚至税负也提高了，但从长远看，如果资本回收率能够增加，还是可取的。税负最低化目标更多的是从经济观点而非税收角度来谋划和安排，税务筹划的重心应是现金流量、资源的充分利用和纳税人税后所得的最大化。

（4）税后价值最大与税负最轻的问题。税收负担最轻，或者说税收成本最低，并不意味着税后价值最大。极端的说，对流转税和所得税而言，如果没有应税收入，其税收负担等于零，可谓“最小”，但企业价值却未增加丝毫。可见，仅仅追求税收最小化是短视的、浅薄的。另外，为了实现税收负担最轻而进行的企业重组（并购）和经营，必然也将给企业带来额外的非税成本，这些非税成本对企业的税后价值会有负面影响。税收与非税因素的潜在矛盾将使企业决策方案的评价和选择更为复杂、更加困难。当决策方案的税前收益与方案的非税成本相等时，税收表现为中性。在这种情况下，最优选择当然是最低税收成本或最大税后收益的方案。在面对竞争的市场环境时，即使其税收成本较高，决策者也必须实施能够使公司价值最大化的策略。换言之，不能舍“企业价值”之本，逐“税收负担”之末。

在税务筹划研究中，一般是假定不同方案的税前收益是相等的，这样就可以将关注点集中在最小化税收成本或最大化税收收益的分析比较上。但现实是，决策者不能对非税因素视而不见，而应当保持审慎。在对税务筹划方案的利弊分析、权衡取舍中，是将税收作为决策制定程序的一个重要因素，还是仅将税收作为填报纳税申报表的法定要求，这是两种根本不同的理念和思路。

（二）税务筹划的原则

1. 守法原则

守法包括合法与不违法两层含义。合法的税务筹划当然是首选，但不违法的税务筹划也不会或不应被排斥。因为税务筹划的根本动力在于筹划主体对税收收益的追求，不违法才是税务筹划的理性选择，违反税法的行为压根就不属于税务筹划范畴。

在各国法律中，一般只有逃税①的界定，而没有包括对避税在内的税务筹划的界定。因此，在实务中，纳税人可以采取排除法来判定自己的行为，只要不违反税法，就可认定为是税务筹划。

2. 不充当与税法对立的角色

守法，虽然并不意味着只做法律允许的，但也不应该充当与税法对立的角色，税务筹划早期发展的缺陷就在于此。纳税人虽然不一定是税法游戏规则的忠实拥护者和捍卫者，但也绝不能去

① 除逃税外，法律中还有对欠税、抗税和骗税的界定。

做游戏规则的挑战者和破坏者。税务筹划就是要做税法游戏规则的精准而有效的利用者。税务筹划——莫在刀锋上跳舞!

3. 自我保护原则

自我保护原则实质上是守法原则的延伸。因为只有遵循守法原则，才能实现自我保护。纳税人为了实现自我保护，一般应该做到：①增强法制观念，树立税法遵从意识。②熟知税法等相关法规。如我国大部分税种的税率、征收率不是单一税率，有的税种还有不同的扣除率、扣除范围和扣除标准等，纳税人在兼营不同税种、不同税目、不同税率的货物、劳务和服务时，在出口货物时，在同时经营应税与免税货物时，要按不同征收率（退税率）分别设账、分别核算（它与财务会计的设账原则可能不同）；要正确掌握混合销售与兼营销售的界定标准和计税要求。③熟知会计准则。《企业会计准则第 18 号——所得税》明确了与税法分离的原则，要正确进行涉税事项的财务会计与税务会计处理。《小企业会计准则》体现税法导向，纳税人只要正确执行会计准则就不会出现违背税法的行为。④熟悉税务筹划的技术和方法。正确掌握税务筹划的方法和技巧，做到适度、适当。

4. 成本效益原则

成本效益原则是人类社会的首要理性原则。要保证通过税务筹划取得的效益大于其筹划成本，即体现经济有效。“效益”有目前利益与长远利益之分，目前利益是用利润衡量还是用净现金流量衡量？从长远利益的角度看，两者是一致的，但若考虑资金的时间价值，用净现金流量表述可能更为确切，因为资产的内在价值是企业未来现金流量的现值。因此，企业的内在价值也是企业未来现金流量的现值。

在考虑利益的同时，还要考虑税务筹划成本，两者比较才有意义。税务筹划成本包括显性成本与隐性成本。显性成本是在税务筹划中实际发生的相关费用，如人力、信息系统、经济单元之间的协调成本、预计审计成本、预计处罚支出等。隐性成本是纳税人因采用税务筹划方案而放弃的潜在利益，对企业来说，它是一种机会成本，如管理层与股东之间代理冲突成本、激进税务筹划的声誉成本等。

5. 经济合理性原则

税务筹划活动要符合企业的发展战略和经营规律，不能为节税而节税，致使投资扭曲，顾此失彼，造成“税收的尾巴摆动经济这条狗”。如果仅考虑节税，由此增加的非税成本比节税额还要大，那就得不偿失。

税务筹划还要考虑隐性税收问题，即纳税人因享受税收优惠取得较低的税前收益率而遭受的损失。纳税人在规避显性税收时，一定不要忽略隐性税收。假定纳税人在进行债券投资时，如果购买企业债券，利率为 10%，如果购买国债，利率为 7%；这 30% 的利率差即为债券投资的隐性税收。这时，如果纳税人适用的边际税率超过了 30%，购买国债比较有利；但如果其边际税率低于 30%，则购买企业债券会更为有利。

6. 适时调整原则

税务筹划是在特定税收环境下，在企业既定经营范围、经营方式下进行的，有着明显的针对性、目的性。随着时间的推移，社会经济环境、税收法律环境等不断发生变化，企业必须把握时机，灵活应对，不断调整税务筹划策略、制定新的筹划方案，以适应不断变化的社会经济环境和税收法律环境，符合企业经营目标和发展战略，确保企业能够持久地获得税务筹划带来的税收收益。

7. 整体性原则

在进行某一税种的税务筹划时，同时应考虑与之有关的其他税种的税负效应，如增值税的免税会增加企业所得税的应税所得额。因此，应进行整体筹划、综合衡量，以求整体税负最轻、长期税负最轻，防止顾此失彼、前轻后重。综合衡量从小的方面说，眼睛不能只盯住个别税种的税负高低上，要考虑一种税少缴了，另一种税是否会因之多缴。因而要着眼于整体税负的轻重和税后收益的多少，充分考虑成本和风险因素。

8. 风险收益均衡原则

根据财务学中的资本定价模型，资产的期望收益率会随着其风险系数的增大而提高、随风险系数的降低而降低。风险与收益具有对等关系，风险与收益具有配比性。一般而言，在其他条件不变的情况下，风险越大，收益越高；风险越小，收益越低；换言之，高风险与高收益、低风险与低收益紧密相连。企业要想获得高收益，就要准备面对、迎战高风险；而且，高风险也不一定必然会带来高收益，但低风险一般不会带来高收益。税务筹划是为了获得预期税收收益，企业往往可能为了获得高收益，而不得不面临更大的风险。纳税人应当遵循风险收益均衡原则，鱼与熊掌不可兼得。应该关注的是，如何分散风险、化解风险，实现预期税务筹划目标。不当的税务筹划会加大企业涉税风险，而不当税务筹划往往是因对税收等相关法规不能充分理解和正确把握所致。

从某种意义上说，合格的会计师就是一位驾轻就熟的平衡大师。当获得 1 元的可能性是 100%，而获得 100 元的可能性是 1% 时，如何选择呢？这就看你如何掌握风险收益均衡原则了。

七、避税及其法理分析

（一）避税是否属于税务筹划

1. 税务筹划的基本手段（方法）

有人说企业减税方式有合法和违法两种基本类型，也就是非黑即白。我认为，企业减税方式有合法、不违法和违法三种基本类型，即具有多彩性。税务筹划是指合法和不违法的减税方式，一般包括节税（tax saving）、税负转嫁（tax transfer）和避税（tax avoidance）三种基本手段（方法）。逃税、抗税、骗税等违法的减税方式肯定不属税务筹划。

（1）节税。它是根据现行税收法规规定，当存在优惠、非优惠等多种税收政策和多种计税方法可供选择时，纳税人以纳税最少、纳税最迟为目标，对企业经营、投融资等经济活动所进行的涉税选择行为。在选择过程中，即使其税收构成要件被规避，但仍属于节税行为，必须承认其合法性。节税也有狭义与广义之分。狭义的节税指消极性节税，基本上属于“对号入座”，广义的节税除消极性节税外，还包括积极性节税。

有人认为，“绝对不能将‘纳税筹划’等同于纯粹的节税或者是避税，更不能理解为逃税。‘纳税筹划’简单来说，应该是在合法的前提下，纳税人按照税法的相关规定，对自己投资、经营全过程的纳税行为进行的一种合理的安排。……‘纳税筹划’应该是一种按照税法的规定，对自己纳税行为的合理安排”[①]。如果节税、避税不等同于“纳税筹划”，那么，在“纳税筹划”的语境下，是否就没有节税、避税的概念了？如果节税不等同于“纳税筹划”，那么，在合法前提下的“合理安排”又是什么呢？

（2）税负转嫁。18 世纪末，古典政治经济学的杰出代表人物大卫·李嘉图在《政治经济学及赋税原理》中深刻地揭示了税收与商品价格的关系：“当货币价值不变的时候，一切商品的课税都会至少按照税额使商品价格上涨，无论这些商品是必需品

① 北京泽瑞税务师事务所所长周绍君文，《中国税务报》，2004 年 4 月 27 日。

还是奢侈品。”说明只要国家对商品征税，其销售价格中必然包含税收因素，即使价外计税，税收也会影响销售价格。将税负转嫁给他人，以尽可能避免税收对其盈利水平的影响，是企业的必然选择。

税负转嫁是纳税人在经济活动中，通过提高销售价格或压低购进价格的方法，将其税负转嫁给购买者或供应者的一种方法和技巧（当然也是一种经济现象）。税负转嫁一般仅适用于间接税，即适用于纳税人与负税人有可能分离的税种。只有在该范围内，且是从价计税的情况下，通过价格调整，实现纳税人与负税人的分离，从而达到减轻税负的目的。它是一种纯经济手段，一般不存在法律上的问题，不承担法律责任。税负转嫁只能在一定的条件和范围内实现，即取决于其产品在市场上的竞争力和供求弹性。现实中，税负有完全转嫁、部分转嫁和不能转嫁三种情况，但多数情况下是部分转嫁。

税负转嫁不是直接针对税收的筹划，而是通过价格的调整，即利用价格与税收的关系而进行的“筹划”，进而实现降低税负的目的。因此，税负转嫁是税务筹划的一种特殊形式，也可以说是一种特殊的避税方式。在一般情况下，税务筹划方式仅指节税和避税。

节税合法，且无风险，税负转嫁仅限于间接税，限制性条件较多，手段比较单一，而避税的机遇和风险都比较大，操作也比较复杂。本人主张税务筹划应是广义的税务筹划，在实务中不必刻意区分节税与避税，实则也难以区分。众所周知，利用税收优惠政策进行的税务筹划是节税行为，但税收优惠也往往是税收漏洞的根源，或者说税收漏洞很多是由税收优惠造成的。因此，在很多情况下，无法在“节税”与“避税”之间划出一条十分明晰的界线。

根据上述阐述，企业减税方式与合法性的关系如图 2－1 所示。

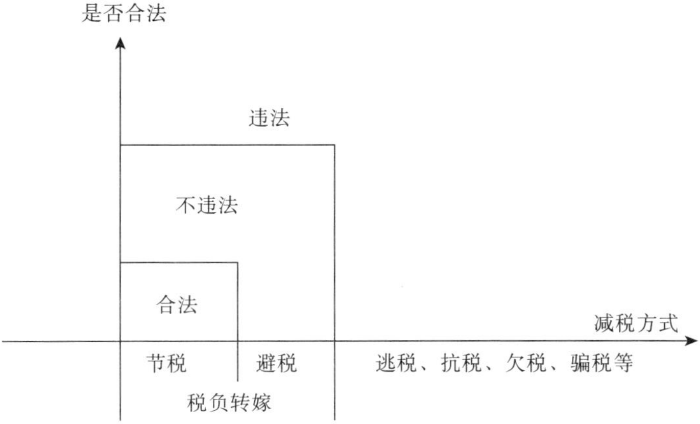

图 2－1　减税方式与合法性的关系

2. 避税的违法性质疑

2010 年 5 月 5 日，《中国税务报》在第 8 版刊登了吉林财经大学税务学院杨斌、吉林省吉林市地税局陈有杰合写的题目为《应将转让定价避税界定为违法行为》的文章，文中说："关联企业之间转让定价避税行为与违法行为构成的要件是相吻合的，所以应将其界定为违法行为。只有将其界定为违法行为，才能为反避税提供法律依据，才能理直气壮地反对这种行为，维护国家的利益。否则，就会陷入避税反避税自相矛盾的误区。""法理学告诉我们，违法行为是指社会主体违反法律的、具有社会危害性的、主观上有过错的活动。"我不是研究法律的，对是否违反法律、法理行为的界定不敢断言。但常识告诉我们，对涉税违法行为的界定应该以《中华人民共和国税收征收管理法》及其实施细则为准，对涉税犯罪行为的界定应该以《中华人民共和国刑法》及其有关解释为准。在上述法律法规中，能够找到避税违法的具体法律依据吗？

2010年4月，时任中国注册税务师协会会长对记者说："避税是法律禁止的行为，因为法律规定该缴的税是不能逃避的，也是不能事后规避的。自然，合理避税的说法也是错误的。"[①] 众所周知，避税的"避"是规避的"避"而非"逃避"的"避"；换言之，"规避"不是"逃避"，前者是避税，后者是逃税，两者性质不同，怎么能够混用呢？而且，我们也未曾见过哪位税务筹划研究者将避税界定为是"事后规避"行为。当然，"法律规定该缴的税是不能逃避的，也是不能事后规避的"，但它与"避税是法律禁止的行为"两者之间存在因果关系吗？同样，"避税是法律禁止的行为"也难觅法律依据。不知"合理避税的说法"错在何处？

时隔两年后，在2012年9月22日的中国税收筹划研究会上，会长又说："税法存在漏洞，说明立法不严谨，需要完善。所谓法律解释，就是把法律条文中需要进一步明确的细节作出规定的立法行为。纳税人利用税法漏洞开展筹划，使税法存在的问题暴露出来，会促使立法机关不断完善税法，促进税法的进步。"[②] "利用税法漏洞开展筹划"是不是会长此前所认为的"法律禁止的"避税行为呢？这种判若两人的观点，令人不知所措。

如果说"避税是法律禁止的行为""转让定价避税是违法行为"，那么，同为我国社会中介机构的管理者——中国注册会计师协会组织编写的全国统一考试辅导教材《税法》第十五章第四节"税务筹划"中的"税务筹划基本方法"，其中就有转让定价筹划法、税法漏洞筹划法、会计处理方法筹划法等方法[③]，这

① 《中国税务报》，2010年4月26日。

② 《中国税务报》，2012年10月8日。

③ 中国注册会计师协会：《税法》，经济科学出版社2016年版，第547～548页。

些方法显然都是避税方法，难道“中注协”在鼓励或肯定“违法行为”吗？在全国税务师职业资格考试教材编写组编写的2017考试教材《税法（Ⅱ）》第三章第四节“国际避税与反避税”中甚至还用了“合法避税”的概念，并简述了八种国际避税方法[①]，也未将避税认定为“违法（非法）”。

认为避税行为违法的论点常以避税行为有损税法宗旨和有悖税法基本原则作为论据。税法宗旨是税法调整所欲达到的目标，税法的作用与税收职能的实现紧密相连。因此，税法的宗旨主要体现为保障税收三大职能的有效实现，即保障有效取得财政收入、有效实施宏观调控、保障经济发展与社会稳定，但目标的实现应该是政府的责任，不能成为纳税人的责任。

观察避税行为的产生，很大的原因是税制设计的不完善、税收待遇不同、税负不公等所致，税法自身的缺陷所造成的结果不应归责于纳税人，纳税人有根据税法进行选择的自由。

避税是否合法或违法，学术界和法学界一般认为，避税不会导致滥用税法。德国的法庭在审判过程中都承认这一结论：“不能将所有减少纳税义务的行为都视为逃税。只要法律上没有禁止，纳税人就可按自己的意愿从事经营，特别是从缴纳最少的角度来有效地组织经营；但从民法的角度看，如果纳税人为了达到既定的经济目的，而采取不正当的手段，以及在进行了合理的法律解释和考虑法律的一般目的之后，减税行为仍不为法律所承认，这就会出现严重的滥用法律问题。”在德国的一个著名判例中，其结束语是这样写的：“纳税人基于规避税收负担之目的而选择一项法定的经济形态，是可以被认为是符合真实之法律规定

① 全国税务师职业资格考试教材编写组：《税法（Ⅱ）》，中国税务出版社2017年版，第313－315页。

要素。此点是与以欺骗方式滥用税法条文有别的。”这说明法律承认，即使纳税人以避税为目的而选择一项法定的经济形态（关联企业的内部定价除外），法律也认为是正当的。即是说，从法学角度看，不违法就应视为合法。

其实，“违法”和“合法”的概念本身就不是绝对的。在这个国家是合法的行为，在另一个国家可能就是违法的，反之亦然；同样的行为，在现行税法下，此时是合法的，一旦税法的有关规定改变了，彼时就可能是违法的。某个涉税行为在性质上是属逃税行为，抑或是属避税行为，只能看它是违反还是符合该行为发生的纳税年度内税境国的税收法律。

从另一方面看，各国为了保证会计信息的公允、有效，在会计准则中都对关联方及其交易事项的披露作了会计规范。在税法上，对关联企业的不正常转让定价给予纠正，从法律（至少是税法）上对其进行限制，制定反避税措施，这是政府的职责权限，但必须是法定的，而且应该予以明示。近年来，国家税务总局出台了一般反避税管理办法、非居民企业间接转让财产管理办法等 4 个强化反避税管理的规章和规范性文件。目前，正在全面修订《特别纳税调整实施办法》，这将是我国全面借鉴税基侵蚀与利润转移（BEPS）最新研究成果，并结合我国实际制定的反避税操作指南。

3. 反避税——税收的国际协调

2010 年 3 月 28 日，美国总统奥巴马签署了已获国会通过的《海外账户税收遵从法》（FATCA），使其成为正式法案，该法案从 2014 年 7 月 1 日起生效。它要求所有非美国金融机构鉴别和披露其“美国账户”持有人和成员（美国公民和“绿卡”持有者），按要求向美国国税局报告其详细信息并承担代扣代缴义务，否则将被强行征收一项新的30%的预提税[1]。预计将影响生活在美国与国外的数百万美国纳税人，市场分析人士称它是“一张用以在世界各地强制推动透明度和减少逃税行为的罗网”。目前，已有近70个国家的诸多机构签署了遵守《海外账户税收遵从法》规定的协议。

2013年初，经济合作与发展组织（OECD）发表了一份引发全球关注的报告《应对税基侵蚀与利润转移（BEPS）》。BEPS项目旨在应对经济全球化背景下，大型跨国企业，尤其是数字化企业借由转移利润至低税地区以避税的行为。然而，要想在没有有形产品的行业建立起一个崭新的税务框架，难度相当大。该项目将“应对数字经济挑战”，旨在迅速解决对互联网公司的征税问题，但在如何塑造新规则方面，所达成的共识却很有限，这也使得OECD的行动计划不免一开始便被置于“看上去很美”的境地。

OECD秘书长安赫尔·古里亚称：“行动计划标志着国际税务合作史的一个转折点，它将使各国制定协调、全面和透明的标准来防止对税基侵蚀与利润转移。国际税收规则许多源于20世纪20年代，为的是确保企业不被双重征税，这值得赞许，但不幸的是，这些规则现在被滥用为对双重不征税的许可。行动计划旨在解决这个问题，使跨国公司也支付其公平份额的税收。”上述行动计划果然能像古里亚所期望的那样一呼百应吗？

我国于2013年8月27日正式加入《多边税收征管互助公约》，税收情报交换走向了全面、多边的征管互助阶段。2014年2月13日，OECD在巴黎总部公布了以《通用报告准则》（CRS）为框架的国际税务情报自动交换全球统一标准。2014年5月6日，

① 尽管FATCA的实施有利于全球反避税，但对外国金融机构来说，需要对账户开立流程、文档及系统进行改善，以识别新增账户持有人是否为美国人，并对现存账户持有人进行尽职调查以识别其是否是美国人，这将使金融企业产生高额的合规成本。

在巴黎召开的欧洲财长会议上，40多个国家签署了一项关于各国政府共享纳税人境外金融账户信息的全球新标准。与瑞士[①]一起签署协议的还有另一个位于亚洲的重要离岸金融中心新加坡，以及开曼群岛和泽西岛等“避税天堂”地区。这是一个里程碑式的变化，一方面象征着这个孤立主义国家决定告别坚守无条件保护银行客户隐私的悠久传统，另一方面也是打击逃税的全球协作行动的重大突破。

2014年6月28日，《华尔街日报》报道，美国财政部表示，已经与中国政府草签了一份协议，此举旨在贯彻实施《海外账户税收遵从法》。中美签订的互惠协议要求中国向美国提供美国公民金融账户信息，而作为回报，美国将中国公民美国账户信息提供给中国政府。

2015年10月10日，国家税务总局发布了OECD/G20税基侵蚀和利润转移（BEPS）项目2015年最终报告中文版（以下简称最终报告）。BEPS是二十国集团（G20）领导人在2013年圣彼得堡峰会委托OECD启动实施的国际税收改革项目，旨在修改国际税收规则、遏制跨国企业规避全球纳税义务、侵蚀各国税基的行为。

2016年9月5日，G20杭州峰会公报提出，将继续支持国际税收合作以建立一个全球公平和现代化的国际税收体系并促进增长，包括推进正开展的税基侵蚀和利润转移合作、税收情报交换、发展中国家税收能力建设和税收政策等，以促进增长，提高

① 瑞士是全球离岸金融中心，也曾是外国人的“避税天堂”，拥有全球财富的保险箱和黑金天堂的“美誉”。但近年来，在欧美的步步紧逼下，在“为客户保密”问题上被欧美各国扒得只剩一条底裤，令倔强的瑞士人逐渐失去了抵抗之力。早在2009年，瑞士就不得不向美国政府支付7.8亿美元罚金，并交出4000多名美国客户的身份信息，还为美国政府追回60亿美元的税款。因此，在这次欧洲财长会议上，瑞士同意签署一项有关自动交换信息的全球新标准，也就不足为奇了。

税收确定性。

当全球正在合作推进由G20与OECD的BEPS行动计划时，一些国家又在对互联网巨头加紧设计“如何榨油”的奇思妙想。有人质疑，一个国家孤立地采用单边方法打击避税，并不符合OECD仍在继续的对国际税收改革的进程。这样的举措打乱了全球化税收和经济改革的步伐，其可能的后果或许正如澳大利亚税务咨询公司GHSF总经理托尼·弗罗斯特所言：“这等于是向经合组织以及致力于寻求全球新规则的其他国家扇了一个耳光……各国正在分裂，全球将冒着一种风险，使规则更为混乱无序、相互脱节。”由此可见，在高调强调国际税收合作、共同打击跨国避税的同时，在国家利益至上的驱动下，暗流涌动，有人也在打小算盘，算计自己的得与失。

（二）避税基本含义的理解

业内有人将纳税人利用税法的漏洞、缺陷等而进行的避税界定为是错用、误用或滥用、欺诈税法的行为。我认为，这种界定有失偏颇：（1）这是站在政府的角度而非纳税人的角度或中立的角度看问题；（2）错用、误用与滥用是性质完全不同的行为，错用、误用税法不是主观故意，认定后，应予纠正，但不属违法行为[①]；滥用税法的行为，实际上已属逃税行为，而不是避税行为，如为了获得税收优惠待遇而出现的假投资，为逃避政府对特许权使用费征收预提税而将技术价格隐含在设备价款中，为了获得增值税、所得税的优惠待遇而虚构残疾人名单和工资单等，这些均属逃税行为。

① 纳税人或受托人因对税法的理解和掌握不准确、不正确，或避税行为过于激进而造成的“错用”，一般不是预期的避税行为，不属于主观故意，不应因此而不受处罚。

企业既然有订立最有利的契约以达到追求其商业利益的权利，则同样也有选择某种法律行为方式以达成最低税负的权利，避税就是企业通过选择税收法律法规行为方式以实现最低税负的权利。由于避税是纳税人在不违法的前提下，利用税法漏洞和缺陷来规避或减轻税收负担，各国对避税行为并没有规定法律责任，大多采取对纳税人进行强制调整、要求纳税人补缴税款的反避税措施。纳税人利用税法的特例、漏洞和缺陷等而进行的避税行为是税收规避行为，既不是错用、误用税法，也不是滥用税法，而是巧用、妙用和精用税法。

避税的构成要件是：（1）纳税义务尚未产生；（2）通过不为法律所明确禁止的方式对其交易进行系统安排；（3）导致纳税义务不产生或者减轻、递延纳税义务。纳税人的避税行为只要符合构成要件，就不应受到惩罚，也不应受道德的拷问。但在现实中，跨国公司通过层层交易形成复合所有权关系和蜘蛛网式的复杂所有权结构，如果这些交易仅仅是为了谋取税收利益，对纳税人的经济状况可能不会带来有意义的变化，这种交易被称为“滥用避税交易”。这些交易的最终结果一般是：（1）将适用高税率的收入形式转变为适用低税率或能推迟纳税的收入形式；（2）将不可扣除的费用转化为可扣除的费用；（3）将收入隐匿到海外账户或他人账户上，以躲避申报纳税义务；（4）产生名义上的费用或损失，以抵消其真实的收益。我认为，这类“典型的避税方式”太激进，具有一定的攻击性，风险较大。但不能从结果去认定或界定避税行为，因为纳税人的任何减税行为都可能导致国家税收收入的减少，都可能削弱税收制度的公平性。

（三）避税体现现代法治原则

目前，各国法律规定的普遍原则（同时也是当代人权理论）

是：对公民来说，“法不禁止即自由”；对政府来说，“法无授权不得行”。也就是说，公民有权实施法律所禁止实施之外的一切行为，而非只能实施法律允许实施的行为；政府只能实施法律允许实施的行为，否则便是对公民权利的侵犯。

现代法治有两大原则：（1）“凡法律未禁止的，都是允许的。”其目的是充分调动个人的积极性，赋予公民广泛的自由。（2）“凡法律未允许的，都是禁止的。”不能做法律禁止的事，否则就是违法，其目的是维护正常的社会经济秩序。

法律明文允许的，当然是合法的；法律未明文禁止的，对于企业（公民）而言，可以视为允许的、合法的。企业行为及其结果与法律的立法意图可能一致，也可能不一致，但在成文法中，判断某一事件是否合法的依据是且只能是具体而明确的法律条文。立法意图是制定法律和法律条文本身的先导意识，只有当其达到一定广度和深度并为相当多的人接受和理解并上升为正式的法律条文时，对人们的行为才具有强制约束力。相反，若没有明确而正式的法律规定，即使有这样那样的法律意识或标准，也不具有法律效力。同样，当已制定的法律条文与其立法意图产生偏差时，具有法律效力的是法律条文，而不是其立法意图。因此，即使避税不符合有关税收法规的“立法意识”，它也是企业的权利，承认其合法本身就是对税法法律条文的尊重。

法律是一种行为规范，它在赋予人们权利的同时也规定其义务，问题在于如果一项行为既不为法律所肯定，又不为法律所禁止，那么，公民是否能够实施这种行为或谋取这种利益而不受惩罚呢？答案应该是肯定的。阿根廷宪法规定：“不应强迫阿根廷的居民去做法律没有规定的事情，同时也不能禁止他们去做法律没有禁止的事情。[①]"

19世纪法国启蒙思想家、法学家孟德斯鸠在论述自由的国家时写道："在这个国家里，任何一位公民都可以说出或写出法律并无明文禁止的想说或想写的话。"[②]美国最高法院大法官George Sutherland认为，纳税人只要采取法律上许可的方法，就有法律上的权利去降低其缴纳的税款，或者完全避免缴纳，这一点不容置疑。[③] 因此，只要在法律中没有明文规定避税是违法的，避税行为就应是合法的，这完全符合现代法治原则。

"从某种意义上说，避税是一种成本，是推行法治、优化税制过程中的一种成本。正如改革牺牲了大量人的既得利益和国家的大量资产以求效率一样，如果避税导致的税款流失能换来一个更趋于法治的治理结构、更精巧的税制设计"[④]，那么，从社会角度看，避税也是符合成本效益原则的。

（四）法律规避与税收规避

法律（包括规章制度，下同）规避是指法律主体在认真研读相关法律的基础上，利用法律的具体条文及其漏洞，通过对适用法律条文的选择或者通过某种形式的改变以达到或不具备法规制度所要求的要件，从而实现按照相关法律的规定本不应实现（得到）的利益。换言之，法律规避就是利用合法的形式避开法律所规定的不利后果或使自己获得某种利益。

---

① 国家税务局税收科学研究所译：《偷税与避税》，中国财政经济出版社1992年版，第50页。

② ［法］孟德斯鸠：《论法的精神》，商务印书馆2014年版，第374页。

③ United States Supreme Count Justice George Sutherland, Gregory v. Helvering (1934－5) 293 U. S. 465, 460.

④ 陈少英、谢徽："避税行为非法性质疑"，《现代财经》，2006年第10期。

凡是有法规的领域，就有法规规避行为的存在。可以说，法律规避现象比比皆是，司空见惯。降低或减少法律规避现象，需要从不断建立健全法规制度、提高执法水平和社会道德层面等诸多方面去努力，但不应将其笼统地界定为是“错用、误用”法规或“滥用”法规。如果站在立法者和执法者的角度，认为税法不容规避，有权对税法规避行为予以规制。规避与规制，就是一种博弈，一种长期存在的、普遍的经济现象。

避税实质上是纳税人对税法的一种规避行为。既然税收是加诸于纳税人的一种负担，从经济理性的角度分析，纳税人总是希望避免或减轻对其影响，因此，税收规避势所难免。税收规避不同于税收节省（节税），它不符合税收立法意图，但也不同于税收逃避（逃税），它采取的是公开合法或不违法的方式，其法律形式是真实有效的。

以纳税金额最小化为目标的税收规避决策是企业税务筹划的重要内容。然而，由于在现代企业制度中，很多重要的契约是以会计数据为基础，这些税收规避战略往往会因降低会计利润而导致各种可能的成本，这种因报告了较低的利润或股东权益而带来的各种真实或可预见的成本称为财务报告成本（Shackelford & Shevlin，2001）。因此，企业在财务决策中，必须认真权衡降低税负的税务动机与提高会计利润的财务报告动机所导致的正负结果相抵后的“净结果”。

长期以来，基于税收规避①动机下的财务报告行为一直受到财务与税务研究者的极大关注。然而，囿于税收规避行为的不可观察性与纳税申报表数据的非公开性，如何合理度量企业税收规

① Hanlon 和 Heitzman（2010）指出，广义的税收规避（tax avoidance）是指显性税收的减少，反映所有对公司显性纳税义务产生任何影响的事项处理。

避程度，一直是经验税务研究者的一大难题。为推动税务决策对财务报告目标影响的研究，部分研究者开始转向寻找对税收规避行为有显著影响的可观察因素，遵循“因素变化→税收规避行为→财务报告行为”的基本研究思路，以事件研究法考察企业税收规避动机下的财务报告行为。

（五）避税属法律范畴而非道德范畴

人具有自然性和社会性双重属性。管自然性的，称其为道德；管社会性的，则为法律。换言之，道德管的是“人”的行为，法律管的是“公民”的行为，税法管的当然是作为公民的纳税人的行为。

英国大法官劳德·邓宁勋爵（Lord Denning）在20世纪60年代末有一句名言：“避税可能是合法的，但它并不是一种美德。”美国最高法院认为，“只要公司的做法符合税收法规的规定，那么这种尽量减少当期税收支付的目标是完全合法的，也是道德的。在大多数情况下，在计算所得税应税收益时选用一种方法，而在进行财务核算时选用另一种方法计算收益的做法也是合法的和正当的。[①]”是否合法，是否合理，只能由法律来判断，而不能用道德标准去评判。

避税属于法律范畴而非道德范畴，不能以感情色彩去看避税。因此，我更倾向于将包括避税在内的整个税务筹划视为中性。其实，市场经济环境下的所有经济活动或商业活动，都应该是中性的，营业税之所以改征增值税——增值税具有的中性特点就是其中缘由之一，我们应该形成在法律框架内的“中性意识”。美

---

① ［美］罗伯特·N. 安索尼等：《会计学教程与案例》，北京大学出版社2002年版，第61页。

国电影《教父》中有句名言："这与个人无关，这是生意。"（It is not personal, It is business.）因此，也可以说，避税是法律范围内的博弈，与道德无涉。

避税实质上就是纳税人在履行应尽法律义务的前提下，运用税法赋予的权利保护其既得利益的手段。避税并没有，不会，也不能不履行法律规定的义务，避税不是纳税人对法定义务的抵制和对抗，也不会导致滥用税法。避税是纳税人应该享有的权利，即纳税人有权依据法律的"非不允许"进行选择和决策。政府针对纳税人避税活动暴露出的税法的不完备、不合理，采取修正、调整（如在税法中加入反避税条款的内容）等举措，也是国家拥有的基本权力，这正是国家应对纳税人避税的唯一正确的选择。

如果用非法律的形式去矫正法律上的缺陷，只会带来诸多不良后果。正如孟德斯鸠所言："应以法律改革法律之所确立，以风尚改革风尚之所确立。以法律改变风尚之所确立，是一种很糟糕的策略。[①]"道德是人类特有的心灵上的内在感受，是靠自律来修炼的。试图用法律来约束道德行为，或者用"暴力管制"道德行为，其本身就已经是不道德了。而纳税人避税本属法律范畴，既不能用道德标准来评价，又不能用舆论来谴责，唯有改变税收规则，即靠他律来规范。法治社会既要体现法治的力量，又要体现人文的高尚。

所有法人、自然人都在扮演经济人和社会人两种角色。当你作为一个经济人同时也是一个纳税人时，出于自身利益的考虑，当然会在不违反税法、不破坏规则的前提下，尽可能规避纳税义务，以最大化自己的税收利益；但同时作为一个社会人，我们都是带着社会义务来到世上的，应该遵守和尊重规则，并将其视为一种教养、一种风度、一种文明，这是每个现代人必备的品格。

① ［法］孟德斯鸠：《论法的精神》，商务印书馆2014年版，第363页。

否则，便无法在社会上立足和生存。没有规则，社会也就无法得到和谐与安宁。

生活不能没有规则，规则就是人生的红绿灯。“世界上有两样东西能够深深地震撼人们的心灵，一是我们头顶上灿烂的星空，二是我们心中崇高的道德准则。”（伊曼努尔·康德：《实践理性批判》）

（六）避税的基本分类

虽然从法律的角度分析，避税行为可以分为顺法意识和逆法意识两种类型，但在实务中，很难找到真正“顺法意识”的避税行为，因为各种避税方法都是在千方百计地规避税法，而不是在“顺应税法”。真正属于“顺法意识”的税务筹划手段只有节税，除非将节税也视为避税[①]；否则，就没有“顺法意识”的避税。即使将避税理解为逆法意识，它也是利用税法的差异或不足进行反制约、反控制的行为，并不会影响或削弱税法的法律地位。既然税法中存在重复征税和差异、执法中存在执法不公，其本身就不合理，甚至不合法，纳税人为什么不可以“说不”呢？避税就是一种无言的抗争！

“纳税人只负有依法纳税的义务。至于税法宗旨的实现，则不是他们所应该也不是他们所能够保证的。政府应该有一系列制度设计来引导纳税人的行为符合税法的宗旨，做不到这一点，只能是政府的失职，而不是纳税人的责任。[②]”由此而带来的损失，

① 在筹划实务中，有的以节税之名，行避税之实。如某纳税人或某涉税行为，根据现行税法规定，不符合税收优惠政策，但其“积极创造条件”，使之符合税收优惠政策。符合税收优惠政策当然可以节税，但“积极创造条件”的过程实为避税，并非符合“顺法意识”。

② 陈少英、谢徽：“避税行为非法性质疑”，《现代财经》，2006 年第 10 期。

也只能由政府承担。

我认为，将避税分为顺法意识和逆法意识两种类型没有现实基础。同样，将避税划分为狭义的避税和广义的避税也没有实际意义，因为所谓广义的避税是将税负转嫁，甚至将节税也包括其中。如是，那不就等于“避税就是税务筹划，税务筹划就是避税”吗？其实，三种税务筹划手段所采用的方法（技术）、风险和机遇是大不相同的，在理论上是有明确界限的；但在税务筹划实务中，完全可以结合运用、综合施策。

1. 按避税涉及的税境分类

（1）国内避税。国内避税是纳税人利用国内税收法规所提供的条件、存在的可能所进行的避税。一般情况下，从事国内避税比国际避税要简单一些，但避税的空间要比国际避税小得多。

（2）国际避税。纳税人的避税活动一旦具备了某种涉外因素，从而与两个或两个以上国家的税收管辖权产生联系，就构成了国际避税，即国际避税是在不同税境（Tax Boundary）下的避税。国际避税极为复杂，它可以使跨国公司或跨国经营从中获得巨大的税收利益，当然，也要为此而支付可观的税务律师和税务会计费用。国际避税产生的原因很多，从纳税人的角度，当然是为了追求企业税后利润最大化。从客观条件看，主要是因为各国在税收管辖权、税率与税基、避免双重征税等方面存在的差异，税收的国际协调不够，国家之间的政治、经济、文化以及税收方面的合作、协定不同，有的国家为了吸引外资、推动本国经济发展，制定了十分诱人的税收优惠政策，加之各国税收征管的力度不等，这些都为国际避税提供了机会。发达国家往往认为国际避税产生的原因是发展中国家为吸引外资、技术和管理等而制定的税收优惠政策，这些因素当然存在，但也有失偏颇。因为企业获利除了税收因素外，还有资金、技术及资源供给、管理基础、公共基础设施等诸多因素。实际上，发达国家企业的获利能力和机会是发展中国家的40% ~83%（据联合国与世界银行的资料）。

与国际避税有联系的是国际税收竞争。国际税收竞争是在经济全球化背景下，各国（地区）政府通过颁布税收优惠政策，甚至实行避税地税制模式，以吸引国际流动资本、国际流动贸易等流动性生产因素，促进本国经济增长的经济行为。如果不同税收管辖权之间不择手段地运用税收竞争，就可能导致有害税收竞争（扭曲国际资本的流向、侵蚀他国税基、增大税收的不公平、增加征管成本等）。[①] 税收的国际竞争，尤其是“有害税收竞争”，实际上为纳税人提供了更多国际避税的机会。

几年前，针对法国总统奥朗德要对年薪超过100万欧元的雇员征收特别互助贡献税，即“富人税”[②]，2012年6月18日，时任英国首相卡梅伦在墨西哥举行的G20峰会上对与会的商业领袖表示，法国富人在新政府高赋税的要求下若想出国寻求避税，英国愿意为他们敞开大门。现任法国总统马克龙说，对超过100万欧元的收入征收75%的所得税没带来多少钱，“那些成功的人走了，我们失去了很多人才，已经赚了很多钱的人并没有缴税。要想让我们的社会更好一些，应该让人们获得成功，不应嫉妒他们。……法国富人并未缴纳‘巨富税’，这是一种法国式的虚伪。[③]”2017年1月17日，英国首相塔雷莎·梅说，如果欧盟不能向英国提供脱欧后仍被接受的安排，英国会采取必要的手段来争取本国的利益，通过政策以及更多的贸易自由来赢得企业与投资者。对此，欧盟主席迪塞

① OECD于1998年、2000年和2001年发布了三个有关应对“有害税收竞争”的报告。

② 在巨大的压力下，奥朗德不得不在该税期满时，即从2015年2月起不再延续。实施仅两年的“富人税”黯然落幕，留给我们的是深思。

③ 《参考消息》，2017年10月17日。

尔布罗姆警告英国，不要做避税天堂。全球航空租赁企业为什么大多选择在爱尔兰和新加坡注册，就是因为其诱人的税收优惠政策。可见，避税不仅是纳税人的问题，政府也在参与其中。

2. 按避税的方向分类

按避税的方向分类，避税分为正向避税与逆向避税。该种分类源于主体的动机，关联企业之间转让定价的动机有税收动机和非税动机。正向避税当然是出于税收动机，是企业为减轻或规避公司所得税、预提税、关税，获得出口退税或政府补贴、增加国外税收抵免等，遵循的是“费往高处走”、“利往低处流”，进而实现“税往低处缴（甚至不缴）”的一般规律。如果不特别说明，避税一般均指正向避税。

非税动机是为打入和控制（海外）市场（提高市场竞争力、占有率）、调节利润、转移（调度）资金、加速成本回收和利润汇回、侵占合资方利益、逃避外汇管制、消除外汇风险和政治风险等，而逆向避税则是在非税动机中，主要为转移利润、侵占合资方利益等。逆向避税是跨国公司为了本公司“整体利益”，利用新兴（转型）经济国家的税收优惠政策，将利润从低税负国家和地区转移到高税负区，以实现其全球范围内的成本最低化、税后利润最大化的行为。其主要手段是：（1）利用在合资、合作企业中的技术、管理和资金等优势地位和对方急于求成的心态，在合资、合作合同中，强加给引资方的不平等条款，进而主导企业经营决策权；（2）除以知识产权投资入股外，以信贷（借款）的形式向合资、合作企业提供资金，所收取的利息通过税前扣除①，分享合资、合作企业的利润；（3）正常情况下的避

① 我国虽然规定一定的限制性条件以防止资本弱化，但大部分还是能够在税前扣除的。

税应该是“低进高出”，但逆向避税则是“高进低出”，即境外投资方高价提供设备、料件、特许权转让等，而所生产的产品则以低价出口，使本属于涉外企业应该赚取的利润，通过外方投资人的逆向转移定价，将其中一部分或大部分利润转移到高税负区（境外关联企业）；（4）利用新兴（转型）经济国家的税收漏洞、缺陷和优惠政策，如将知识产权转让价款中的一部分有意转移至实体资产，从而规避缴纳预提税，最大限度地享受减免税政策等。

3. 按政府对避税的态度分类

这种分类是根据政府对纳税人的避税行为是否容忍或默认进行的分类。它可以分为：

（1）合理（可接受）的避税。它是指不违背法律（不仅是税法，下同）意图的避税，如当国家对烟酒课以重税时，人们通过戒烟戒酒而规避纳税；再如，当国家对某些以金属为原材料的产品课以重税时，企业通过技术革新，改用非金属材料生产同样性能的产品而规避纳税；还如选择不同行业、不同地点进行投资，避免成为常设机构等。

英国税务当局采用“税收减缓”（tax mitigation）概念，指那些可以接受的避税，这种避税是以议会明确认可的方式来实现税负最小化。避税尽管遵循了法律文本规定，很多人也认为是可以接受的，不构成逃税形式的犯罪，但避税藐视了法律精神。

（2）不合理（不可接受）的避税。它是指违背法律意图的避税，如企业与关联企业之间的购销、借贷业务，不按独立企业之间的业务往来定价。各国政府所采取的反避税措施一般也都是针对这类避税。对政府而言，这类避税是“不可接受（或不愿接受）的避税”，但在法律界定上，它又是不违法的行为。

英国经济学家西蒙·詹姆斯在其《税收经济学》一书中指出：“在英国，会计师们把避税称为税务筹划，以强调这种行为的合法性。”因此，才有“合法避税”的概念。有人将“可接受的避税”界定为“合法避税”，属于税务筹划范畴；言外之意，“不可接受的避税”就是“非法避税”，不属于税务筹划范畴。我认为，这是将“是否合理”等同于或混同于“是否合法”，但也可能是为了降低社会对避税“贬义度”的认识，才特意在避税前边加“合法”两字。其实，大可不必自己给自己壮胆或自己吓唬自己。避税有是否合理之分，而无是否合法之别。几年前，我曾在文章中写到，“避税不是臭豆腐，而是白开水”，不能戴着有色眼镜去看它。纳税人的避税行为是不以政府的意志为转移的行为，它是征纳双方的博弈。避税就是税务筹划，但税务筹划不限于避税。真正税务筹划范畴的避税并不违法，也不能违法。但是否合理、可否接受，则需要主管税务机关依法认定，不是纳税人自己说了算。“认定避税”需要事实，要有认定原则、认定标准。以事实为据，以法规为准，依法治税，以理服人，而非以势压人。

“在真实世界，人们会尽最大努力去逃税或者避税，多数政府要与这些行为进行长期不懈的斗争。[①]”（Balestrino and Galmarini，2003）

八、避税与其他减税方式比较

（一）避税与节税

避税与节税同属税务筹划范畴。在理论上，节税是用法律并

① 转引自［意］埃里希·科齐勒：《税收行为的经济心理学》，中国财政经济出版社 2012 年版，第 29 页。

不企图包括的方法来使纳税义务降低，而避税则是对法律企图包括但因种种原因而未能包括进去的范围加以利用。节税筹划与避税筹划的最大区别在于，避税一般是违背立法精神的，表现为逆法意识，属于非违法行为；而节税符合政府的政策导向，国家不但允许，而且鼓励（体现在税收优惠政策上），符合立法精神，表现为顺法意识。避税导致的结果往往是不确定的，而节税导致的结果一般是确定的。

在实务中，节税与避税往往紧密联系在一起，可以不必刻意区分。如新办服务性企业，若当年新招用的下岗失业人员达到规定职工总数30%（含）以上，并与其签订1年以上劳动合同的，给予其3年的流转税和企业所得税免税待遇。上述政策出台后，许多企业成立了咨询公司或技术服务公司，在招用的下岗失业人员达到免税要求后，利用转让定价手段向这些公司转移收入。这些企业每年向下岗失业人员支付很少的工资费用，但却免缴了大量的税款。企业的上述节税行为表面上看是利用了税收优惠政策，实际上却是利用该政策没有严格规定在免税的服务性公司中每个下岗失业人员必须有适当的工作岗位等限制条款，从而使企业很容易就在内部建立起一个“税收庇护所”。正是由于上述原因，目前国外一般都将“税务筹划”和“避税”这两个概念同等看待，“差异”不过是认为“税务筹划”比“避税”更中性一些。

（二）避税与税负转嫁

避税与税负转嫁的主要区别是：（1）适用范围不同。税负转嫁适用范围较窄，受制于商品、劳务服务的价格、市场的垄断与竞争性、商品的供求弹性；避税则不受这些限制。（2）适用前提不同。税负转嫁的前提是市场竞争、价格自由浮动；避税不受此限。（3）税负转嫁可能会与企业财务目标相悖。若其产品不是供不应求或非垄断的情况，当企业为转移税负而提高商品、劳务服务供应价格时，同时可能也在导致其市场占有率下降、利润额减少；避税一般不会出现这种悖谬。（4）税负转嫁不会影响国家的税收收入总额，仅是纳税人之间的此增彼减；避税则会导致当期国家税收收入的减少。

企业能够在多大程度上把握税负转嫁，这是一种艺术。相对于在垄断形势下不由分说地转嫁，在自由竞争环境中，如何使对方接受你转嫁过来的税负就是一门绵里藏针的学问；再则，如何消化没有成功转嫁出去的税负也是一个必须运筹的现实。税负转嫁是有条件、有限度的，不能一厢情愿，企业更应该在提高产品的竞争力上下功夫。

（三）避税与逃税

在早期，人们对避税与逃税并不作区分。在 1860 年英国的一个诉讼案中，法官特纳（L. J. Turner）建议用逃税（tax evasion）来代表纳税人合法地少纳税，而用“税收违法”（tax contravention）表示今天人们所说的逃税行为。现代意义上的“避税”与“逃税”概念最早在美国采用。1916 年，Oliver Wendell Holmes in Bullen Vs. Wisconsin 案中使用了这两个概念，后来英国也开始接受这两个概念。到 20 世纪 50 年代，英国学界也开始使用“tax evasion”（逃税）和“tax avoidance”（避税）。但直到 20 世纪 70 年代，美、英等国还有许多人将这两个概念混用。因此，为了防止混淆，目前仍有人还使用“合法避税”与“违法逃税”的概念，以强调两者的区别。

逃税亦称税收欺诈，它是非法的，是不遵从的故意行为，因为它故意违反法律以便减少应缴税款。但因记忆失忆、计算失误和缺乏税法知识等原因导致的非故意不遵从，则不应认定为逃税。

目前，包括我国在内的各国法律一般都没有定义避税。维基百科（Wikipedia）对避税与逃税的界定是："避税是纳税人合法地利用税收制度，以便减少税法所要求其缴纳的税款金额。而逃税是个人、企业和其他组织用违法的手段逃避税收。逃税一般是纳税人向税务机关弄虚作假，虚报或假报其经营情况，从而达到减少纳税义务的目的。"

尽管国内外学界、实务界对避税有不同的理解和认识，但避税与逃税的基本区别还是容易界定的：（1）避税没有违反法律（税法、刑法等），而逃税是违反税法或违反刑法的；（2）避税是纳税人事先通过改变经营行为或经营方式避免纳税义务发生，而逃税是在纳税义务已经发生的情况下，通过篡改发票或账簿等手段隐瞒纳税义务，两者采取的手段不同。

"虽然人们能够宣称合法性是逃税与避税的区分线，但实际上这条线是模糊的；有时法律本身不清晰，有时法律本身清晰但纳税人对此不清楚，有时法律清晰但是在执法过程中却忽视了特定交易或行为的特殊性。[①]"（Slemrod et al. 2001）在税务筹划实务中，两者的界限也并不十分清晰，从道德的角度也是难以区分避税与逃税的。正如英国前财政大臣丹尼斯·黑勒（Denis Healey）所言："避税与逃税的区别，就看监狱大墙墙壁的厚度。"[②]

同样的税务筹划行为，有的时候、有的地方（国家、地区）可以被认定为避税，有的时候、有的地方（国家、地区）却可

① 转引自［意］埃里希·科齐勒：《税收行为的经济心理学》，中国财政经济出版社2012年版，第6页。

② This anticle contrasts tax evasion, tax avoidance and tax mitigation: http://www.economicexpen.com/a/Tax: eva6ion.html.

能被界定为逃税。正所谓“橘生淮南则为橘，生于淮北则为枳”。

◆若将避税当逃税——那是对税法的曲解，也是税务筹划理论的缺失。若是，税务筹划就只有“节税”一技，也就不需要复合型的高级专门人才了。

◆若将逃税当避税——那是自我麻醉，是缺乏对税务筹划的基本认知。避税不是非理性行为，凭的不是勇气和胆量，而是知识和智慧，是智取税收利益。

第三章 税务会计——政府税收会计与企业财务会计的桥梁和纽带

一、税收与会计

自税收产生之日起，它就与会计有了不解之缘。不论是在政府一方，还是在纳税人一方，税收与会计都是息息相关。社会经济中离不开税收话题，会计中总要面对税收问题，尽管税收给会计带来不尽的烦恼。同样，现代税收也离不开会计，离开会计，税收的目标、任务是不可能实现的。

（一）税收与政府会计

国家产生后，就有了管理国家的政府，政府要保持国家机器的正常运转，就要组织收入并安排支出。因此，就需要进行收支计量、记录和报告的会计——政府会计。在我国历史上，政府会计曾被称为官厅会计[①]。官厅会计实则为古代国家会计（政府会计），它是民间会计的对称。

我国古代杰出的思想家、教育家，儒家学派创始人孔子，也曾是一位出色的税官——20岁时，经友人推荐担任鲁国大夫孟懿子的税官，整饬当时混乱的赋税状况；还曾是一位值得尊敬的会计人，他在季氏主政的鲁国当过委吏[②]——主管仓库的小官吏——政府（仓库）会计。那时政府的会计远未形成会计体系，征收的税是实物而非货币，仓库会计实为政府税收会计，它与政府的财政收支融为一体。孔子以读书人的秉性，在竹简上认真刻画、登记，力求使每一笔“账目”都正确无误。因此，才对会计有真切的认识——“会计，当而已矣”。区区六个字，看似简单，实则内涵丰富、高度凝练。会计工作的核心是“当”——适当、得当、恰当、允当……，“当”字是会计的点睛之笔。他认为会计应在礼帛约束之列，一切收支事项务必以礼制为准绳。生财有时（取要得当），政在节财（用要得当），方能做到守礼制、尊王权、财掌不乱。

公元1576年，户部尚书王国光主编、侍郎李幼滋等编辑的《万历会计录》是中国近古代唯一一部政府会计总册，书中反映了当时中国赋役制度改革成果——从以实物与力役为主向以白银货币为主的全面转型，标志着中国由传统赋役国家向近代赋税国家转型。书中既记录总收入与总支出，又分门别类地记录各项收入与支出。因当时的政府会计不可能有如现在的税收会计与预算会计的划分，因此，既可以说是记录税收的收入与支出，也可以

① 公元前11世纪，我国西周已有“官计”，汉至清朝均有“国计”。

② 《孟子·万章下》记载“孔子尝为委吏矣”。

说是记录财政的收入与支出。

可以说，不论是当年夏禹在“江南”召开诸侯的会计大会[①]，还是孔子所任的“委吏”，乃至《万历会计录》中的“会计”，都是集税收会计、国库会计和预算会计于一体的官厅会计。

在中国会计发展史上，官厅会计比民间会计发展较快、成熟较早。“自夏商及西周以来历代的官厅会计处于支配地位，而民间会计则大体亦步亦趋，尾随其后，其差别甚微。从总的方面看，至元明之际，我国民间会计大体落后于官厅会计。[②]”官厅会计为适应当时的政府管理需要而设置，应该是“大政府会计”概念，与现代政府会计体系不可同日而语。人类进入20世纪以后，随着国家机器的不断强大和强化，国家立法体系的不断完善，许多国家的政府都经历了和经历着不断增大的财政压力，政府会计才日益受到重视，政府会计才日趋规范，形成了现代政府会计体系。

新中国成立后，我国政府会计一直称为预算会计。预算会计是反映政府预算收支及其结果的会计，现代政府会计应是现代政府财务会计，即以财务收支为主导的政府会计[③]。现代政府会计除了包括现行预算会计的内容外，还要连续、系统、完整地反映预算收支对政府财务活动产生的累积影响[④]。国家税务总局收入规划核算司巡视员王道树认为：“税收会计是核算与监督税收资

① 司马迁《史记·夏本纪》记载：“自虞、夏时，贡赋备矣。或言禹会诸侯江南，计功而崩，因葬焉，命曰会稽。会稽者，会计也。”

② 郭道扬：《中国会计史稿（上）》，中国财政经济出版社1982年版。

③ 我国的预算会计大致相当于发达国家的政府及非营利组织会计，而发达国家的预算会计却是真正记录预算的会计，两者相差较大。

④ 盖地：“论现代政府会计”，《税务与经济》，2002年第5期。

金运动的一门专业会计，是政府会计的一个重要组成部分。”①我认为，现在我国的政府会计是以预算会计和行政事业单位会计为核心，以税收征收解缴会计（简称税收会计）、海关关税会计和国库会计为外围的政府会计体系。

2015 年 10 月 23 日，财政部公布了第 78 号令《政府会计准则——基本准则》（自 2017 年 1 月 1 日起施行）。基本准则构建了政府预算会计和政府财务会计适度分离并相互衔接的政府会计核算体系和政府财务报告体系，确立了“3 + 5 要素”的会计核算模式。

（二）税收与纳税人会计

自从税收产生以后，税收与会计②的关系以及如何处理两者的关系就成为会计理论界与实务界关注的焦点。由于各国的政治、经济、文化等背景不同，税收与会计的关系以及如何处理两者的关系也有差异。

1. 漫长而曲折的“关系史”

纵观各国税收与会计的关系，一般都经历了两者从各自为政，到两者试图适应对方，再到两者适当分离这样漫长而曲折的历程。虽然各国税收与会计“关系史”的具体划分时间不会相同，但大致都经历了如下三个阶段。

（1）各走各的路——走不通（19 世纪前）。在一个较长的历史时期，税收与会计是各自为政的，两者之间没有必然的联系。“两者之间并没有必然的联系”是因为两者都没有意识到对

① 王道树：“用税收会计语言讲述税收发展故事”，《中国会计报》，2016 年 12 月 9 日。

② 在本部分中，“会计”均指纳税人的会计。

方的重要性、对方的存在对自己的影响。从会计的角度，会计仅仅是事后消极地反映其缴税税种、缴税金额，而没有考虑不同会计处理可能会有不同结果，更不会考虑如何通过会计去实现或许对自己更为有利的结果；从税收的角度，政府仅仅是为了收入而征税，而没有考虑征税效率、征税成本，不会考虑如何借助于纳税人的会计去征税；因为一旦出现入不敷出，政府可以巧立名目修改“税法”或开征新税种。

当国家由“君主主权”过渡为“公民主权”后，税收开始以法律的形式存在，纳税人的会计也因经济活动、组织结构日趋复杂多样而逐步成熟规范。

从历史上看，政府征税都是为了满足其不断增长的财政支出的需要。政府征税，有税收会计记录和报告；政府财政预算收支，有预算会计记录和报告。但在一个相当长的历史时期，由于税制简单多变、不成体系，且具随意性，不可能也无必要对纳税人的会计核算提出像今天这样的具体要求，而且当时的纳税人也不具备正式会计记录的条件。因此，税法的制定与修订，没有考虑或者很少考虑纳税人在会计上是如何记录、如何反映的，这就使税法的执行缺乏可靠的纳税人会计的支持（基础）。随着以所得税为标志的税收的不断法制化，现代企业制度的逐步建立、企业会计的不断规范化和会计职业的市场化，税务机关代表国家征税，以保证国家的财政收入；企业会计要为纳税人计税、缴税和筹划，以实现企业的税收利益（财务目标）；注册会计师、税务师受托进行审计和服务，以发挥社会公正会计的作用。“税收”使征纳税双方的利益连在一起，“税收”也使征纳税双方不断发生矛盾和冲突。事实证明，各走各的路走不通，必须进行沟通和协调，相互顾及对方，以降低各自的成本，实现各自的目标。

（2）保持一致——难以适应各自目标（19 世纪至 20 世纪

初）。星移斗转，税收与会计进入了相互影响、相互借鉴对方的阶段，两者力图缩小差异、协调一致。税收与会计走过了一段相互承认、相互适应、共同发展、会计所得与纳税所得彼此较为一致的发展时期，也可以说是两者的“蜜月期”。在此期间，由于税法借鉴会计的合理思想内核和程序、方法，促进了其自身的发展。可以毫不夸张地说，如果离开会计，如果没有精妙的复式（双式）记账[①]，体现现代文明的现代税收、追求利润等将不复存在。同时，由于税法的改进和不断完善，也大大推动和规范了会计实务的处理，从而导致了对公认会计程序与概念的修正和发展。但由于征纳税双方各自角度不同、目标不同，在税收利益上不可能保持一致。探讨税收与会计从互相模仿的初级阶段到寻求最佳的结合点、最优的关系模式，是会计理论界与实务界至今都在关注的问题。

（3）适当分离——各自完善之上策（20 世纪初至今）。税收与会计虽然关系密切，但由于两者存在诸多不同，因此，很难在所有涉税事项上长期并行不悖。若要保持一致，只能以（财务）会计的牺牲、迁就（降低质量）为代价，但这又不符合（财务）会计的目标和发展方向。

2. 会计对税收的影响

会计成功地影响税收的最典型同时也是最早的案例发生在 1909 年，是年年初，美国国会通过的特别交易税（特许权税）法案规定，对公司 5000 美元以上净收益征收 1% 的税款。该法案要求，收入与支出必须以收付实现制计算，而非以权责发生制

① 德国文豪约翰·沃尔夫冈·冯·歌德称借贷复式记账方法是“人类智慧的绝妙结晶”。复式记账法是引导一种新的社会和经济体系，即资本主义发展的强大工具（德国经济学家维尔纳·桑巴特，1924）。复式记账法与资本主义，谁促进了谁？这是先有鸡还是先有蛋的问题。

为基础。由于事先未听取会计职业团体的意见，忽视了当时的企业会计计算程序和会计处理方法（当时的美国税务机关一直是按收付实现制计算税款，而美国的大中型企业已经提出现代意义应税所得额的计算方法，会计开始采用应计制、对设备计提折旧、对应收账款计提坏账准备等，有时会造成应税所得额大大超过其账面利润），激起了美国会计职业界的强烈反对。当年年底，美国财政部发布法令允许根据权责发生制确认计量收益，还允许公司估算会计年度的期末库存，这是会计界第一次成功地动摇了所得税法。作为纳税人的会计——企业会计（传统会计），当然不可能不反映各种税款的计算和缴纳及其对企业财务成果的影响。这就说明，税收与纳税人的会计不可能互不相干，关键是如何正确处理两者的关系。

1913 年，美国国会重新修订了所得税法案，规定应税所得额的确定必须以会计纪录为基础，从而将会计业务和税务活动紧密结合在一起，对经营费用、税金、利息、损失、坏账、折旧等允许作相应扣减，其基本思想沿用至今。1916 年，美国税法第一次规定，企业应税所得额的确定必须以会计记录为基础，从而使税收与会计密不可分。同年，美国联邦岁入法允许采用权责发生制记账的纳税人采用同样的办法编制纳税申报表，从而改进了收益的确认和计量方法。1918 年的联邦岁入法第一次以商业会计实践为基础，确立了纳税准则。1921 年，联邦岁入法允许使用坏账备抵、净损失移后扣减以及合并收益的做法。它还第一次给出了资本收益的优先处理方法，并通过确认通货膨胀会抵消所得收益的部分价值而明确了收入与资本的划分。

最初的美国联邦岁入法就是由于借用了会计技术才得以实施，而以后的税法因采用了越来越多的会计方法才使其愈来愈趋向成熟。可以说，现代税收制度，尤其是所得税，是借助会计理论才得以建立和发展的。进入 20 世纪后，随着资本主义国家经济的发展、现代企业制度的建立、企业产权的频繁变动，财务会计规范逐步建立，会计对税收的影响显而易见，如折旧方法、存货计价方法和租赁业务、企业合并、商誉等的会计确认、计量和记录。几乎在所有国家，对于诸如工资薪金、销售收入等许多项目的确认计量，税收制度都是以会计制度为基础的。

新中国成立不久，政务院在 1950 年先后颁布实施了《工商税暂行条例》《工商税施行细则》，对纳税人如何正确计算和缴纳税款，从会计的角度做出了具体规定，如在《工商税施行细则》中，专门将“会计处理”、“计算方法”和“资产评估”等各列一章，规定了会计年度的起止时间、固定资产折旧年限表等；此外，对纳税人设立账簿、凭证、保存期限等，都做了具体规定。这些规定，起到了对税务会计的管理和监督作用。

在我国现行税法中，借用、认可会计程序和方法的地方也随处可见。2007 年 3 月，第十届全国人大第五次会议通过了《中华人民共和国企业所得税法》，之后，国务院颁布了《中华人民共和国企业所得税法实施条例》，企业所得税法吸收了《企业会计准则》中的若干规范。同时，还引入了企业会计准则中的权责发生制、公允价值、计税基础等概念。但因税法与财务会计目标不同，税法中采用的目标、范围（内含）和方法等，与财务会计并不完全相同，这也给纳税人带来困惑，增加其税务风险。为此，在税收法规中，应该明确其不同之处；如果差异较大，就应该用自己的专属概念，以免混淆。

3. 税收对会计的积极影响

税收对会计的影响是多方面的、显而易见的、持续至今的。可以说，对会计影响最大的莫过于税收法规，从企业筹建伊始至企业破产清算为止，均不能摆脱税收的影响。但税收对会计的影响程度却有巨大差异，在英国、美国等海洋法系国家表现得较小，而在德国、法国等大陆法系国家则表现得很大。但不论在哪个国家，“对于会计这个行业来说，如果没有税收问题，那么这个行业的复杂程度将会惊人地降低”①。这种影响既有积极的一面，也有消极的一面；两者既称不上是“黄金搭档”，也不能说是“冤家对头”。由于税法的普遍适用性，其对会计的影响也是普遍的。归纳起来主要是：

（1）推动会计方法采用，促进会计理论研究。事实证明，税法可以促进会计观念的进步，被税法承认是保证会计方法能够广泛采用的一种手段；而会计方法的取舍，又推动了会计理论研究。主要体现在以下五个方面：

①收益实现原则的确立。在早期的工商企业中，业主关注的是资产（财产）的保值和增值（资本保全）。因此，期末采用实地盘存的方法确认计量资产的存量，以资产期末存量减去其期初存量计算“收益”，没有收入、费用、利润等概念和确认计量原则、标准等。

19世纪末20世纪初，主要资本主义国家工业革命陆续完成，生产技术得以改进，企业原有的生产经营规模已不能满足不断扩大的市场需求，股份公司出现，企业合并浪潮也随之兴起，企业经营向规模化方向发展，企业规模的扩大促成了企业产权向社会化和分散化方向发展，少数产权所有者已无力干预企业的生产经营活动，其投资的目的主要是为了获取投资收益。因此，投资者当然会非常关注企业的财务成果——收益（利润）。同期的税法不再以财产税为主而改以所得税为主。根据测算应税所得额的会计处理方法和法庭的判决，产生了收益实现必须发生在收益

① 孙凯：《美国联邦税收制度》，中国税务出版社1997年版，第13页。

获得之前的思想，而且，既然以销售时间作为衡量实现的标准是最客观的，那么，这个时点也应该是收入确认的时点，从而澄清了计税收益的实质和所应包括的范围等。这就导致新的收益计算方法——收入减费用的产生，其结果使会计的重心由传统（早期）的资产负债表转向利润表。自 20 世纪 30 年代起，形成了“收益重心论”，利润表成为企业对外公布的法定财务报表，并成为第一财务报表。

由此可见，税收推动了基于经济学的会计收益计量观（早期的资产负债观）向传统会计学的收入费用观的转变；但税收却难以推动财务会计向综合收益计量观——现代资产负债观的转变①。

②存货计价方法。企业是为降低当期和后期应交所得税现值而采用后进先出法，还是为了避免短期内报告收益的减少而放弃后进先出法，税收是影响存货计价方法选择的主要因素。由于会计职业界起初不允许按物价水平调整会计记录，使得通货膨胀时期纳税超前，忽视了纳税者的实际支付能力。税法后来规定，在编制财务报表时可以（有条件的）采用后进先出法计算税款。在生产要素价格上涨的大趋势下，因这种方法在税金计算上能够产生巨大的动力，以至于可以不顾会计理论的合理性，仅为实现税务会计目的而广泛使用这种方法。它既为自己制造了理论依据，也修正了现有的会计概念。由于对后进先出法存在争论，有关赞成或反对后进先出法的文章就不断涌现，即会计研究的供给就会对需求做出反映。

若某些相同的会计程序被用来编制会计报表，人们就会对征

① 当然，（财务）会计也不可能推动税法（税务会计）向综合收益计量观的转变，因为它不符合税收原则。

税时使用的会计方法进行游说。结果，潜在的税收效应影响着人们对会计程序的选择。例如，如果税收与调整通货膨胀后的折旧和销售成本挂钩，那么，人们对 FASB 第 33 号公告《通货膨胀会计》的兴趣可能主要来自公司将获得的潜在税收减免，使税收制度适应通货膨胀的一种合理做法是在财务报告中也采取类似的调整。对企业课征的特许经营税是以资产账面价值为基础的。这促使企业管理人员采用可减少资产账面价值的会计程序。最后，为了减少双重簿记成本，管理人员乐于在税收记录和财务报表中使用同样的会计程序。

③固定资产折旧。在铁路会计理论领域，对固定资产折旧早有研究，但在 1878 年以前，却不允许企业在计税时从中扣减。1878 年，英国对税法进行修改，允许合理地扣减厂房和设备因磨损而减少的价值。由此可见，税法不但影响折旧的时间，还影响折旧方法和盈利概念，在股利只能从利润中分派的法定前提下，折旧被视为一种计价程序。如果按照历史成本折旧，税法的执行成本就会降低。要求将税法中的计价程序和其他应计项目合理化，最终导致建立了配比和实现制基础上的盈利概念的产生。

④固定资产加速折旧。尽管会计理论界对加速折旧的研究由来已久，但是直到 1954 年，折旧方法仍然普遍采用直线法。1954 年以后，因采用加速折旧而形成的税收节余（利益）成为产业资金的主要来源，并为发展中的企业创立了几乎完全是资助性的政府无息贷款，同时出于鼓励资本投资、刺激经济发展等考虑，税法认可加速折旧方法。会计理论中据此修改了原有的、只根据有形损耗进行折旧的理念，寻找到折旧费用均衡、合理而系统的期间分摊方法。早期的会计仅限于记账方法和会计事项处理程序的研究，以所得税为代表的各国税制的不断健全促进了会计理论（如会计规范研究等）的研究。

不同折旧方法尽管不会影响会计主体的现金流量，但主体报告的税前收益额不同。为适应经济环境的变化，美国国会几乎每年都要对税法做某些修改。自 1986 年起，税务机关要求纳税人必须按照加速成本补偿折旧法（Modified Accelerated Cost Recovery System）计算加速折旧，在该方法下，应税折旧资产的寿命通常比其实际经济寿命要短得多。

固定资产加速折旧的核心是采用短期有效使用年限。因为有效使用年限越短，折旧费用的实现就越早；而越早记录折旧费用，公司就可以越早减少应交所得税。加速折旧法与直线折旧法比较，能在资产使用期早期产生更多的折旧费用。因此，加速折旧实际上是降低税负的一种方式，通过在较短使用年限内加速折旧引导公司更多地投资于长期资产。①

财务会计一般采用直线折旧法，是因为它既简单又方便；与加速折旧法相比，直线折旧法还能在早期报告更多的收益。管理者不希望因会计方法的选用而降低在长期资产使用早期的报告收益。同时，许多公司的存货都选择后进先出计价方法，这样可以降低企业在价格上涨期间的利润金额。企业这样做是因为它们被要求：如果在纳税申报表上使用后进先出法，就必须同时也在提供给股东的财务报告中使用该方法。当会计准则不再允许企业采用后进先出法后，在企业税务会计中，自然也就不能再采用后进先出法了。但对固定资产折旧方法，税法并没有像存货计价方法这类一致性处理要求，因此，企业可以在提供给股东的财务报告中使用直线折旧法，而在填写纳税申报表时采用加速折旧法。

大多数国家在其税收制度中具体规定了固定资产折旧所采用

① 从 2014 年起，我国税法也允许更多的行业采用加速折旧。

的方法和折旧率,[1] 而且有的还要求其财务报表中的折旧额与按税法确定的折旧额保持一致（英美国家的会计准则无此要求）。各国税法对固定资产折旧方法和折旧率的规定，很难用“积极与消极”概括，而且也更多体现在对会计实务的影响上，但它也为企业税务筹划提供了空间。

⑤企业所得税对会计理论的渐进影响。尽管美国 1913 年的岁入法要求按现金收支基础计算应税所得，但在 1918 年的岁入法中才首次承认会计程序在确定应税所得上的作用。该法律的 212（b）节中指出：

净收益应根据纳税人年度会计期间（财政年度或日历年度）来计算，它可以与纳税人账面上所采用的常用方法相一致；但倘若纳税人账面上没有采用会计方法，或者其所采用的方法没能反映出所得，就应当按本委员会早期反映所得的观点为基础来计算应税所得。这一规定为税务会计和财务会计的相互协调开了先河。[2]

（2）提高会计核算管理水平，降低税务风险。各国政府，尤其是发达国家都将简化税制作为其施政目标，但现实却是税制越来越复杂。企业纳税申报和税务筹划均需要通过会计，税法与会计实务并行发展，凸显会计的必要性和重要性[3]。税法坚持历

① 仅有少数国家（如荷兰）规定，当折旧费用不合理时才进行干涉。

② ［美］艾哈迈德·里亚希－贝克奥伊著，钱逢胜等译：《会计理论》（第 4 版），上海财经大学出版社 2004 年版，第 6 页。

③ 1913 年，美国财政部 2090 号判决规定，销售和应收账款的存在就足以证明收益的实现。税务部门可以向那些未收回现金的利润征收所得税。在以后的税务案件判决中，法院裁定销售固定资产的收益与营业收益一样应该缴纳所得税。于是，纳税人的持产利得也开始需要缴纳资本利得税。在 1918 年、1920 年的税务案件中，最高法院裁定，股票股利没有减少企业财产，也没有增加投资者财富，投资者所得与资本没有分开，不构成投资者收益的实现，因此，股票股利不是应税收益。

史成本原则，不考虑货币时间价值的变动，并且重视会计主体的分离，对会计的一贯性和公开性的强调等，在很大程度上也是受税收政策的影响。

《中国会计报》2011年1月7日的一则报道《英国海关与税务总署紧盯中小企业账簿》，可以为本论点提供佐证：

目前，英国约有5万家中小企业有可能因为记账不符合税法要求而被税务机关处罚。按照英国海关与税务总署[①]（HMRC）的规定，英国税务人员要在2010年2月28日前，对英国2000万家中小企业的账簿进行调查。

HMRC调查结果发现，5万家中小企业的涉税会计记录存在问题，许多企业存在未缴纳税金的漏洞也都由此产生。毫无疑问，这些中小企业都会因此被HMRC处以罚款。

HMRC就是想借此提高广大中小企业会计账簿的质量，为英国经济复苏保驾护航。《2008年英国金融法案》就赋予了HMRC对中小企业账簿进行核查的权力。只要中小企业能在规定期限内对会计账簿进行整改，这些企业将不会被处以罚款。HMRC指出，企业改善财务管理对自身生存、发展都有好处；同时，也会降低税务机关介入的机会。因此，企业应该大力提高其会计核算和管理水平。

对纳税人来说，不论其会计核算和管理水平高低，只要发生应税行为，都要缴税，但计算缴纳税款的方法不同。我国税法规定，如果企业会计核算和管理水平较高，符合税法要求，可以采用“核实（查账）征收”方式；如果企业会计核算和管理水平较低，不符合税法要求，就要采用“核定征收”方式。在“核实（查账）征收”方式下，以企业会计记录为基础计税，一般

① 一般译为“英国税务海关总署”。

情况下，税负较低、风险较小；而在“核定征收”方式下，不以或不完全以企业会计记录为基础计税，一般情况下，税负较重、风险较大。纳税人为了降低税收负担和税务风险，就要建立健全其会计凭证、会计账簿的领用、开具、保管、设置和记录等环节的制度和要求，保证企业涉税会计实务处理的规范性。

对企业来说，不论是主动还是被动，税法有助于促进提高企业的会计核算和财务管理水平应该是不争的事实。

（3）拓展会计执业范围，提高会计职业地位。税收不仅大大丰富了企业会计的内容，同时也使企业会计越来越复杂，从而促使会计人员由单一型的专业人才变为复合型专业人才，进而促进高等会计教育的发展。越来越复杂的税制，越来越“相关”的税收，也推动了专门从事税务代理、税务咨询的会计中介服务业蓬勃发展。可以说，税收导致会计更加复杂、更有难度，但也使会计更加多姿多彩；税收致使会计职业的门槛提高，但也同时提高了会计人员的地位。可以说，税收是会计理论与实务新的增长点。

个人所得税纳税人人数的迅猛增长，第一次促使社会对税务会计师的需求量大幅度增加。公司管理层越来越关心其税收负担，这又刺激了社会对于税务会计服务的需要。可见，对税务会计（包括税务筹划）实务的会计供给是一种“需求/回应”的演化路径。对此，加里·约翰·普雷维茨、巴巴拉·达比斯·莫里诺在其所著《美国会计史——会计的文化意义》一书中有更为详尽的阐述[①]：

◆所得税法对会计职业产生的影响好坏都有。对会计服务需

① ［美］加里·约翰·普雷维茨等著，杜兴强等译：《美国会计史——会计的文化意义》，中国人民大学出版社2006年版，第194、280～282页。

求的增加为许多执业者提供了保证，但是这一需求也吸引了许多并不能够胜任但自称为会计师或税务专家的人。对于一些已获得资格证的执业者来说，税务工作可能会破坏职业独立的形象，因此似乎会损害他们的专业地位。最初，美国公共会计师协会的一些领导试图使他们的同事们相信会计师应当在税务工作中保持公平，如同保护其委托人的利益一样保护政府的利益。这一思想并没有广泛的吸引力，大多数会计师将他们自己视为其委托人税务问题的辩护者。

税法不仅扩展了会计服务的市场，也使得诸如折旧这样的长期被商人所抵制的技术更容易被接受。美国公共会计师协会强烈游说将权责发生制作为确定计税所得的基础，权责发生制对于供职于小型企业的职员来说最为有利，为了避免保有两套账簿所花费的成本，小型企业让审计人员为它们合理地确定信誉报告中的收益。……虽然进步主义者对于政府会计改革和税收改革的要求为会计师们提供了工作并增加了他们的知名度，但是对公司改革的要求将授予他们必要的社会责任，这是将他们的专业地位合法化的核心。

◆1913 年所得税法的通过极大地改变了会计职业的形象。早期的执业者将独立性看作会计职业地位的基石。在对公司所得税合宪性问题的长期争论中，美国公共会计师协会主席爱德华·L. 萨芬（1912）提醒同事，独立会计师有责任保证包括政府在内的所有团体公平地分享公司的利润。1913 年所得税法以及之后战时超额利润税法的通过，大大增加了对会计师税收服务的需求，萨芬的观点被削弱了。成为公认的税务业务标准的是辩护而不是独立。

正是越来越复杂的税收制度，催生了注册会计师、税务师、律师等中介服务的市场供给和由此产生的服务质量、法律责任、道德标准等问题。为了保持会计师对税务咨询业务的优势地位，美国注册会计师协会在1964年至1977年之间，先后发布了第1~10号《税务责任公告》及其有关解释，1999年10月19日，美国注册会计师协会理事会批准指定税收执行委员会作为标准的制定机构，授权该委员会颁布税收实务标准，该执行委员会最终在《税务责任公告》的基础上形成《税务咨询标准公告》，当年年底通过的第1号公告于次年10月31日生效，至今已经发布了1~8号公告。公告既是会计师从事税务咨询的职业标准，也是会计师的道德标准。“税务会计师不仅对委托人负责，也要对税收制度负责。”“税务会计师不仅应该受法律条文约束，而且应受法律精神的约束。”①

在我国，会计师事务所、税务师事务所、律师事务所的受托业务都有涉税项目，都会涉及税务会计问题，如何界定各自的职责范围、执业标准和职业道德规范，是值得研究的理论与实务问题。近年来，国家税务总局发布了注册税务师涉税鉴证业务、注册税务师涉税服务业务等5项基本准则和具体准则……。为贯彻落实国务院简政放权、放管结合、优化服务工作要求。2017年5月5日，国家税务总局颁布了2017年第13号公告《涉税专业服务监管办法（试行）》，明确税务师事务所和从事涉税专业服务的会计师事务所、律师事务所、代理记账机构、税务代理公司、财税类咨询公司等为涉税专业服务机构，可以从事专业税务顾问、税收策划、涉税鉴证、纳税情况审查业务等涉税服务。同时又规定，从事涉税服务的机构，税务师占比应高于50%，并应在完成业务的次月向税务机关单独报送相关业务信息。税务机关

① ［美］罗纳德·杜斯卡、布伦达·杜斯卡著，范宁、李朝霞译：《会计伦理学》，北京大学出版社2005年版，第152页。

将全面开放涉税专业服务市场的前景值得期待，机会均等、公平竞争的涉税服务市场将会逐步形成。

2017 年 2 月，中国注册税务师协会发布了五类、25 项税务师行业执业规则，其中涉税服务类 11 项。这是一套具有前瞻性和可操作性的执业规则，可以推动我国中介机构转型升级，更好地服务于纳税人，加强行业监管并提高执业水平。对此，应该认真总结经验，并给予理论指导。

4. 税收对会计的消极影响

在承认税法对会计积极影响的同时，也不得不正视，企业要想长期保持其会计与税收的一致，最终只能形成以税法为导向的会计，即财务会计要依附于、受制于税法，而不可能相反（因为各国都遵循“税法至上”的原则）。法国、德国是这种模式，我国在一个较长的历史时期内也曾经是这种模式。这种模式的企业会计很难称得上是真正的财务会计，它只是主要为包括税务机关在内的政府部门服务的传统会计。对国家是非投资主体的广大企业来说，这样的会计信息对现实和潜在的投资者、对债权人的决策有用性会大大降低。

税收与政府管制一样，会影响会计程序的选择。会计政策的选择动机来源于会计主体减轻税负的目的，会计行为现象可从会计主体的动机中得到解释（瓦茨、齐默尔曼）。国家出于财政目的或者宏观经济发展的需要，一般会通过税收政策来体现。税法往往无视会计理论的要求，在税务处理中限制或者增加会计方法的选择机会，如早期的税法使会计年度的使用延迟了 30 多年；税法中有关利润、损失以及不允许按物价水平调整会计数据的规定，阻碍财务会计摆脱历史成本计价的束缚。以美国为例，在固定资产折旧方法、无形资产摊销方法、存货计价方法等方面，1954 年以前，是严格限制；1954 年税制改革后，又大幅放宽，增加选择机会，与财务会计规范的发展趋势背道而驰。

固定资产、无形资产加速折旧、摊销，可以形成税收节余，使企业获得相当于政府资助性的无息贷款，成为企业资金的一项主要来源；但加速折旧（摊销）减少了账面利润，越来越多的纳税调整事项给征纳双方带来诸多麻烦和潜在风险，加之包括税收优惠政策在内的税收政策差异，不仅违背财务会计一般原则，也背离税收的中性原则和公平原则。

站在会计的角度，希望会计收益概念与税法收益概念尽可能一致，而达到一致的主要方法就是跨期分配所得税费用，以消除会计利润与应税利润差异的影响，但会计收益理论未能影响税收，也未能成为税收理论的基础。

出于征税的要求和征管的方便，税法规定往往不符合会计的基本假设，如纳税年度与会计年度不统一、与持续经营有矛盾，关注税基、重视会计主体的分离等；而且，不少国家的税收规定都是凌驾于合理的财务报告要求之上。

在税收与会计的关系中，两者通过互相借鉴促进了各自的发展，但也不能不正视，由于税收是国家政治权力的体现，税收往往采用实用主义原则。税收法规越来越多地体现对财务会计处理的调整，试图替代财务会计的职业判断。此外，税务当局往往倾向于关注单个具体问题的处理，鼓励会计团体零打碎敲地建设会计理论，而不顾及会计理论体系的建设。

在两者关系中，税收总是处于强势，而会计则是处于弱势。正是因为税法对财务会计的干预呈现强势和不可更改性，使得某些财务会计方法缺乏弹性、会计质量特征（原则）显示异化取向、会计信息出现屏蔽效应。财务会计要想保持自己独立的概念框架体系（结构），必须有自己的万全之策——财务会计与税务会计的适当分离，充分利用税法对会计的积极影响，尽可能避免税法对会计的消极影响。

（三）相互协调，适度分离

在市场经济环境下，如果按照税收与会计之间的联系程度对国家进行分类，可以分为立法会计国家（大陆法系国家）和非立法会计国家（海洋法系国家，即盎格鲁－撒克逊国家）两大模式；如果再从基于融资体系所进行的国家分类，可以分为权益/外部所有者的国家和负债/内部所有者的国家。非立法会计适于权益/外部所有者的国家，而立法会计则适于负债/内部所有者的国家。在负债/内部所有者的国家，对经审计的、公开的财务会计报告没有巨大的市场需求，所以年度会计报表的需求与政府对应税收入计算的需求紧密联系。结果，税收方面的考虑会对会计法规起决定性作用。相比之下，在权益/外部所有者的国家，会计执行着市场的功能，因此，其会计规范必须从税收法规中分离出来，形成两套会计规范：一套针对财务会计报告，一套服务于应税收入的计算。兹以表 3－1 说明两者的差异。

表 3－1　　　　立法会计与非立法会计

比较项目	立法会计	非立法会计
资本（权益）市场	较弱	较强
审计职业界	规模较小	规模庞大
会计与税法	税收法规影响会计	会计与税收法规分离
会计实务	广泛立法规范	会计准则规范
主要导向	税法	投资人
实施国家	法国、德国、意大利等	英国、美国、澳大利亚等

人类进入 20 世纪以后，随着各国经济的发展、国际投资与国际经济贸易不断扩大，税收的国际协调也在不断加强，国际会

计财务报告准则、各国会计准则、会计法规的陆续颁布和修订，税法与会计各自的目标越来越明确、越来越具体，两者偏离呈扩大之势。

1999年九届全国人大第十二次会议通过的《中华人民共和国会计法》（修订）第二十五条规定："公司、企业必须根据实际发生的经济业务事项，按照国家统一的会计制度的规定确认、计量和记录资产、负债、所有者权益、收入、费用、成本和利润。"此项规定的深远意义在于，从2000年7月1日《会计法》（修订）实施之日起，我国财务会计不再依附、依存于税法和国家统一的财务制度，它要按照"国家统一的会计制度"进行确认、计量、记录和报告，它要向以投资人为主的报表使用者提供可靠、相关的会计信息。根据修订的《会计法》和国务院颁布的《企业财务会计报告条例》，财政部于2001年颁布了《企业会计制度》，会计制度凸显与我国现行税法的差异，如计提资产减值准备、开办费用在开始经营的当月一次记入当期损益、待处理财产损失期末不保留余额等。其实，早在1994年工商税制改革时，在税法中就明确：当企业的"财务、会计处理办法同国家有关税收的规定有抵触的，应当依照国家有关税收的规定计算纳税"。尤其是2000年国家税务总局发布的《企业所得税税前扣除办法》，首次明确了所得税税前扣除原则，在此原则下，规定了扣除项目、扣除标准的确认与计量，它与财务会计一般原则以及会计制度的规定有诸多差异。

2006年财政部颁布新的《企业会计准则》后，在2007年第十届全国人大第五次会议通过的《中华人民共和国企业所得税法》及国务院同年颁布的《企业所得税法实施条例》中，在接受会计准则中某些具体规范（如取消存货计价的后进先出法等）

的同时，更明确了与会计准则的差异，而且是差异的“净增加”①。由此可见，不论税收还是会计，都在总结各自改革经验的基础上，充分借鉴各自的国际惯例，向着自我完善的方向发展，这就不可避免地形成税收与财务会计的分离（差异）。

在市场经济环境下，要求财务会计与税收的完全一致是不可能的，问题是两者的分离应该适当、适度，制度的规范都应该遵循成本效益原则，尽可能降低征纳双方的制度遵从成本。我国财政、税收主管部门一直在进行税收与会计的协调，但协调不等于统一，协调的目标不是也不可能是消灭差异，协调应该是控制差异，使双方都符合效益大于成本原则。笔者认为，税收与会计主管部门应该建立规范的、程序化的沟通、协调机制，在制定法规制度时，应该充分考虑：①当涉及对方范围时，如何尽可能不增加或不过多增加执行者的遵从成本；②当涉及对方范围且规定不一致（有差异）时，对方应该尽快地对此明确其执行意见，以不增加执行者的困惑；③如果属于不触及另一方的原则性问题，后制定者应尽可能采纳前者的规定，以避免不必要的分离而增加执行者的遵从成本；④企业（执行者）在国家税收与会计法规制度允许或不禁止的范围内，可以出于自身税收利益与编报财务报告的不同目的，进行职业判断和会计政策选择。

税收与会计的关系是一种法律关系，法律关系就是发生法律效应的关系。法律关系最主要的内容应是当事人之间产生的权利与义务的关系，这种关系是依据法律的存在而产生的，即以法律规定作为前提，没有法律规定就没有法律关系。税法、

---

①　高金平：《新企业所得税法与新会计准则差异分析》，中国财政经济出版社2008年版。

会计法等法律规定了税收与会计的法律关系，是征纳双方权利与义务的法律依据，但国家对有关法规有解释权和修改权。税收与会计的关系又是受法律保护的，即双方都要遵守并执行有关法律。

实践证明，会计制度的改革与发展是税制改革与发展的基础；换言之，现代税制是以会计制度改革为先行。不论我国1994年的工商税制改革，还是2008年起执行的《企业所得税法》、2009年增值税等流转税暂行条例的调整，都离不开其前的会计改革（“两则两制”、企业会计准则等的颁布实施）。只有会计的改革与发展，才能为计税依据的确认计量提供可靠的基础，才能降低征管成本和税务风险。

在市场经济环境下，财务会计与税收的目标不可能统一，“差异”不可能消失，所谓“会计制度与税收法规的同一化模式”① 难以成为现实。不可能是“会计制度积极向税收法规靠拢”，也不能“用税收法规来指导会计理念”，因此，二者同一化模式也不是“我国税务会计制度安排的合理选择”②，除非我们再回到计划经济时代。

人类进入21世纪后，随着全球经济一体化趋势的加快，不论税收还是会计，都应该向着国际协调与国际趋同的方向发展，在如何处理税收与会计的关系上，也应该走国际协调与国际趋同之路。会计准则与税收法规的协调应该是相向而行，互相借鉴，不能且事实上也不应该是一方原地不动，而让另一方去靠拢它；但因两者目标不同，也不可能走到同一个点上。

---

① 周华、戴德明：《会计制度与经济发展》，中国人民大学出版社2006年版，第228页。

② 周华、戴德明：《会计制度与经济发展》，中国人民大学出版社2006年版，第209页。

目前，我国政府会计是以预算会计和行政事业单位会计为核心、以税收征收解缴会计（税收会计）、海关关税会计和国库会计为外围的会计体系，而企业会计则是由财务会计、税务会计和管理会计构成的会计体系，政府税收会计（含关税会计）与企业税务会计具有核对关系（如图 3－1 所示）。

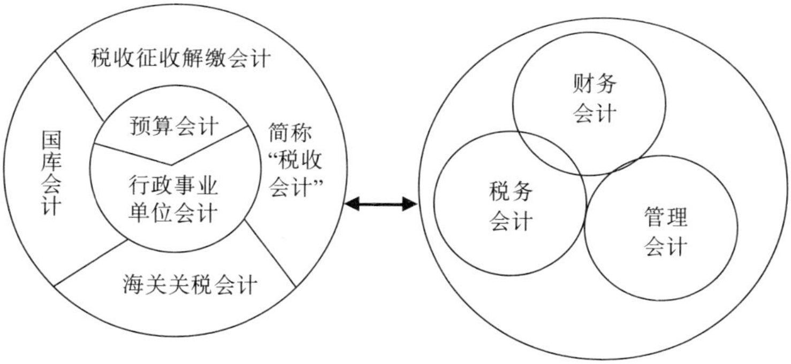

图 3－1 政府会计体系（左）与企业会计体系（右）及其关系

二、税务会计基本认知

（一）税务会计的产生

在国家产生并开始征税后，作为税款的缴纳者与关心自己的生产（生活）耗费一样，也必然会关心自己的税收负担，自然也会有纳税计量和记录的要求。如果将纳税人向国家缴税与其会计记录相融合视为税务会计产生的标志，则在公元前 18 世纪的巴比伦王国[①]就已经有税务会计了。可以说，税务会计缘起于税收对会计的依赖——税收与会计的密切相关而引起的一系列复杂实务和理论问题。

一般认为，税务会计起始于1861年的美国南北战争期间。为了满足战争对资金的需求，当时的财政大臣萨蒙·P. 蔡斯（Salmon P. Chase）的财政政策是直接对收入征税，此举“创下了一个先例，那就是要获取个人收入记录，同时也标志着税务会计的产生”[②]。但在一个相当长的历史阶段，社会生产力水平低下，各国的税制简单多变，而且也远未走向法制（治）化，在这种纳税环境下，纳税人纳税的原始计量和记录不可能形成科学规范的体系，充其量只是纳税人对涉税业务的会计处理——税务会计的萌芽。只能说，非法定的税制可以孕育政府的税收会计，但不能催生纳税人的税务会计，税务会计是随着资本主义制度及其相伴的现代税收制度（法定税收）的确立而确立的。

韦伯曾经说过“没有财务会计就没有资本主义”。但我认为，似乎应该是没有资本主义就没有财务会计。还可以说，没有资本主义税收制度就没有学科意义上的税务会计（现代税务会计）。因为只有在现代税收制度下，计税、征税需要借助于企业会计的账簿记录并在此基础上进行纳税调整，才需要或者才可能产生具有学科意义的现代税务会计。

同税收一样，税务会计也是一个历史范畴，它是社会经济发展到一定阶段（社会成熟到能够把征税、纳税看作是社会自我

① 在世界上第一部比较完整的成文法典——古巴比伦的《汉谟拉比法典》中，就对商业契约、授权契据、捐税、利率、利息等具有会计含义的事项作了明确定义，不仅对古巴比伦会计的发展产生了重要影响，而且也留下了悠长的会计足迹。

② ［美］加里·约翰·普雷维茨等著，杜兴强等译：《美国会计史——会计的文化意义》，中国人民大学出版社2006年版，第100页。

施加的约束，传统会计不能满足税务会计信息使用的需要等）后，逐步形成的一门相对独立的专业会计。税务会计是伴随着生产力的进步、商品经济的发展而逐渐完善的。商品社会的到来使生产个体之间的交易日趋频繁，生产关系错综复杂，需要对生产耗费、收益分配等由简单记录发展成为系统核算，由此需要会计人员通过专门方法进行处理，即税务会计处理。同时，随着税收制度的不断完善，在会计上也需要设置一些专门的科目来核算各种税款的形成、缴纳和退补等，从而使税务会计逐步发展起来。正如美国会计学家所言："当所用的税务会计准则与财务会计准则不一致时，企业必须针对这些不一致保持一份专门用于纳税目的的税务会计（tax accounting）记录。①"

"由于经济发达国家的税制是相当复杂的，需要税务会计专家和税务律师提供咨询，因而税务会计已发展成为企业会计的一个重要分支。"② 为了适应纳税人的需要，或者说，纳税人为了适应纳税的需要，才需要税务会计从传统会计中独立出来，成为一门相对独立的专业会计。

从税务会计的产生可以看出，税务会计在企业作为一项独立的工作是早已存在的事实。随着税制的逐步健全和完善，税务会计也将逐步被认识、被重视，其作用也将越来越明显，税务会计教育、税务会计理论研究也将不再滞后于税务会计实务。

历史的开始意味着逻辑的开始。税务会计的产生，意味着企业会计应该是一个具有严密逻辑结构、分工明确且又互有联系的会计信息体系，以充分发挥现代会计的多重功能。

---

① ［美］罗伯特·N. 安东尼等：《会计学教程与案例》（原书第 12 版），机械工业出版社 2011 年版，第 4 页。

② 陈今池：《西方现代会计理论》（第二版），中国财政经济出版社 2008 年版，第 7 页。

(二) 税务会计概念和特点

1. 税务会计概念

税务会计既是一门相对独立的会计学科，又是一种实质存在的会计实务。是从学科的角度定义，还是从实务的角度定义？或是将两者结合起来定义？可以有不同选择。

从会计实务的角度定义：税务会计是以所涉税境的现行税收法规为依据，运用会计学的理论和方法，对企业涉税会计事项进行确认、计量、记录和申报，履行法定纳税义务，并通过主张纳税人权利以实现企业最大税收利益的一门专业会计。从会计学科的角度定义，税务会计是介于税收学与会计学之间的一门边缘（交叉）学科，是融国家税收法规和会计规范为一体的一种以税法为导向的专业会计学。税务会计是税务中的会计、会计中的税务，是具有法律效力的特种专业会计。

2. 税务会计特点

税务会计有别于财务会计的主要特点有：

（1）法定性。税务会计以国家现行税收法令为准绳，这是它区别于其他专业会计的一个最重要的特点。对某些会计事项，财务会计可以根据企业会计准则的规范，自主进行会计政策选择；税务会计则必须按照国家现行税法的规定条件确认会计政策。当财务会计制度规定与现行税法的计税方法、计税范围等不一致时，税务会计必须以现行税收法规为准，进行纳税调整。对某些按财务会计准则反映而不便按照税法规定反映的会计事项，必须单独设置账簿或备查账簿、单独核算其销售金额等，方能据以按应税税种的税基和税率计税或享受减免税等税收优惠政策。由此可见，以税收法规为导向是税务会计最显著的特点。

（2）税务筹划性。企业通过税务会计履行纳税义务，同时还应体现其作为纳税人享有的权利。具体表现在“应交税金”账户的作用上：它既可以反映企业应交和上缴税金的数额，即实际履行的纳税义务；又可以反映企业应缴未缴的税金数额，它是企业对国家的一项负债，其金额的大小、滞留企业时间的长短，可以反映企业“无偿使用”该项资金的能力。

（3）协调性。对财务会计根据会计准则确认、计量、记录和报告的事项及其结果，只要与税法规定不悖，税务会计就可以直接采用；只有对与税法规定有差异或者不符合税法规定的事项，才进行纳税调整，即进行税务会计处理，使之符合税法的要求。因此，可以认为税务会计是对财务会计的调整。当然，在不违背会计准则的前提下，财务会计也可以选择保持与税法一致的会计处理方法，从而体现两者的协调性。

（4）广泛性。法定纳税人的广泛性，决定了税务会计的广泛性。小型企业虽然执行的是《小企业会计准则》，但对涉税事项的会计处理，则是体现以税法为导向的会计处理原则；其他企业执行《企业会计准则》，体现财务会计以投资人为导向，但为了纳税的需要，为了降低涉税风险，还必须设置税务会计。由此可见，各种类型企业、单位其实都有税务会计，区别就在于对税务会计的认知了。正所谓“不识庐山真面目，只缘身在此山中”。

3. 税务会计作用

税务会计作为会计的一个重要分支，既要以国家税法为准绳，认真履行纳税义务，又要在国家税法未禁止的范围内，寻求企业税收利益。其基本作用是可以规范企业的涉税行为，维护企业的合法权益，降低企业的涉税风险。具体表现在：

（1）反映和监督企业对国家税收法规的贯彻执行情况，认真履行纳税义务，正确处理企业与国家的关系。

（2）按照现行税法所规定的税种、计税依据、纳税环节、税目、税率等，正确计算企业纳税期内的各种应缴税款，并进行相应的会计处理。

（3）根据税务机关的审定或裁定，及时足额缴纳税金、滞纳金、罚款等，并进行相应的会计处理。

（4）正确填制并及时报送纳税申报表主表、附表及其附报资料，认真执行税务机关的审查意见。

（5）正确进行企业税务活动的财务分析，不断提高企业执行税法的自觉性，不断提高涉税核算和税务管理水平，降低纳税成本。

（6）充分利用现行税法和有关法规制度赋予企业的权利，积极进行税务筹划，尽可能降低企业的税务风险和税收负担，争取企业最大的税收利益。

（三）对税务会计的基本理解与认识

1. 税务会计不会因会计准则的国际趋同而趋同

人类进入 21 世纪后，随着经济全球化的进程不断加快，会计准则的国际趋同成为不可阻挡的历史潮流，其结果将是上市公司财务会计（报告）的实质性国际趋同，它将大大提高财务会计信息质量，显著降低交易成本。与此同时，税收的国际协调也已成为发展潮流。但税收较之财务会计，更可以体现国家主权（权益），税收已经超出了传统意义上的税收含义，表现为国家的税收竞争力。因此，各国税收可以而且应该不断协调，为其本国经济发展给力，但不会像财务会计那样实现“国际趋同”①，在“税基”的确认上，税收与财务会计可以有所交叉，也可以

① 即使日后有所“趋同”，与财务会计“趋同”的路径也不会一致。

在一定程度上融合，但不会“达到极致”——在税基的确认计量上两者没有差异、完全一致[①]。税法不可能认可会计准则中的诸多“职业判断”原则和方法，会计准则也不可能无条件地接受税法的严苛规定；税法不可能接受会计准则的“资产负债收益计量观”，企业会计准则[②]也不可能接受税法的“收入费用配比的收益计量观”；换言之，税法不可能认可财务会计的“利润总额”或“综合收益额”，财务会计也不可能接受税法的“应税收入”、“应纳税所得额”。目标不同，决定了结果各异。

2. 税收的国际协调与税务会计有关，但不涉及“趋同”

（1）税收国际协调与会计准则国际趋同没有必然联系。2008年美国的金融危机引发全球经济不景气，导致各国政府财政吃紧。为了充实政府的“钱袋子”，近年来，税收国际协调势头明显。

税收的国际协调是为促进增长，共同应对全球跨国避税问题[③]。它与会计准则的国际趋同没有什么关系，两者的目标难有交集，财务会计没有必要跟着起舞。但税务会计不能漠视税收的国际协调，因为它涉及税法的遵从成本、税务风险与收益的权衡、国际税收规则变化所产生的税收成本等。尽管税务会计与税收的国际协调具有相关性，但税务会计直接遵循的是所涉税境的税法，而不是某些“国际规则”。国家的征税权决定了税法不可能像会计准则那样实现“国际趋同”，因此，税收的国际协调并不意味着税务会计的“国际趋同”，严格讲，它是一种“国内会计”或“税境内会计”。

---

① 曲晓辉等：《中国会计国际化研究》，经济科学出版社2010年版，第176页。

② 小企业会计准则除外。

③ 据英国《卫报》报道，目前全球的“避税天堂”可能藏匿着总值20万~32万亿美元的惊人财富。

（2）国家税收利益至上。当我们在为税收的国际合作欢呼时，欧盟的一些主要成员国却在紧盯大型跨国高科技公司，因其拥有崭新的经营手段和复杂的避税机制而日渐成为税务当局“想啃却啃不到的一块肥肉”。他们开始出招，并由此形成了具有不同突破点的“谷歌税”：

第一是试图划分跨境无形服务的征税权，谋求对在线广告业务征税，代表国家为法国、意大利。

第二是试图划分信息产品权益的地域归属，启动互联网企业使用传统媒体内容的付费机制，代表国家为德国、西班牙。

第三是对转移利润征税。在英国政府公布的新财年预算案中有一项重要内容，即从2015年4月起，凡跨国公司在英国经营所产生的利润，在转移至国外时，将被征收25%的转移利润税（DPT），其征税对象为大型跨国企业，尤其是那些在英国获得大部分营收却极少纳税的龙头网络公司。应该说，与前两种争议巨大的“谷歌税”相比，这一“旨在敦促大型跨国企业在英承担合理税负比例”的新税种，拓宽了国际上打击跨国公司逃税、避税的政策选择。

在高歌税收国际协调与合作的同时，又在打自己的算盘，似乎难以理喻。但冷静思考，其实也不难理解——税收的国际合作固然重要，但国家的税收利益更为重要。税收不可能像会计准则那样走向“直接采用”或“趋同”之路，国家的税收利益决定了各国的税制一定存在差异。只要存在税收差异，跨国公司就会充分利用，努力实现其全球范围的税收利益最大化。

3. 税制越来越复杂意味着税务会计越来越重要

美国税法大约有400万字，是圣经和莎士比亚全集总长度的两倍多。如果加上共计20卷、14000页、1048万字的条例和细则，合计超过1440万字。

根据美国国内收入局全国纳税人保护协会统计，税法遵从时间成本合计已达610亿小时，相当于305万雇员全年仅休息两周、每周工作40小时的时间，或者说比财富500强零售业前三名的沃尔玛、麦当劳、塔吉特所有人员的工作时间总和还多。

据华盛顿税收新闻网站报道（2014年5月），全国纳税人联盟发布美国第16次税收复杂性的年度研究。研究发现，税法遵从总成本1年为2243亿美元，其中个体纳税人的成本为903亿美元，而且他们每年还需要在税务软件和其他现金支出中花费317亿美元，这些开支包括“纳税申报准备和提交费用、邮寄和影印费用以及纳税申报软件成本”。

美国的个人所得税申报表——1040表格，该表格共206页，填写该纳税申报表所需要的时间平均为15个小时；而在75年前，1040表的说明只有2页，即使在1985年，该表长度也只有现在的1/4。

美国全国纳税人联盟高级顾问、研究者戴维·基廷说：“我们遵从复杂税法的成本远远高于取得的税收，现在确实到了应该停止在复杂税制的理解上耗费时间和金钱的时候了。……太多的美国人花费了太多的时间和财力理解税法，结果还需要祈祷理解无误，文明社会的纳税本不该如此复杂。”

各国的税制改革都在强调“简化税制”，但现实却是各国的税制越来越复杂，税法的遵从成本越来越高。面对越来越多的税收不确定性、越来越多的税收风险和越来越高的税收成本，税务会计在降低涉税风险和成本、维护企业税收利益等方面越来越重要。

可喜的是，近年来越来越多的大企业设置了税务管理部、税务总监（CTO）或税务经理专职岗位，但不少公司管理层对企业税务管理的重要性认识不足，仅仅停留在正确计算税款和纳税申报上，而忽视“管”，对企业积聚的税务风险浑然不觉。与财务会计一样，税务会计也不能仅限于“算”。在以风险为导向的税务管理理念下，在公司的战略规划、重大重组和经营模式等方面，税务会计可以提出规避税务风险、创造税务价值的可行性方案，从而证明其价值所在。这就取决于公司决策层的高度和视野——能否为税务总监、税务经理们创造充分施展其才能的内部环境。

在市场经济环境下，税务会计是一棵直立挺拔的树、一棵四季常青的树，而在我国流转税与所得税双主体税制下的税务会计，将比英美法系国家所得税单主体税制下的税务会计更加根深叶茂。

三、税务会计模式

税务会计模式是指税务会计的运行模式。由于税务会计的基本要素与财务会计要素密切相关，税务会计处理的涉税会计事项同时也是财务会计的处理对象。因此，在税务会计运行过程中，税务会计与财务会计形成密切的依存关系，而以税务会计与财务会计的依存关系阐述税务会计活动中各个要素的特征，就是税务会计模式。税务会计模式应该能够体现税务会计的标准和本质，它是由相关因素构成的、具有既定功能的标准样式。税务会计模式与经济模式息息相关，既受各国税法立法背景、立法程序的影响，又受各国会计规范方式和历史传统的影响。

（一）税务会计与财务会计合一模式

税务会计与财务会计合一模式也可以称为从属型税务会计模式，即以政府为导向的会计模式。在该模式下，法定的会计信息使用者是税务机关，财务会计从属于税法，要求财务会计与税务会计保持一致。税法对纳税人的财务会计所反映的资产、收入、费用等的确定产生直接的影响，即会计准则的制定与税法的规定相一致，财务会计实务处理严格按税法的规定进行，由此确定的会计收益与纳税收益完全一致，不需要作任何调整，直接以会计收益作为计算应纳税额的依据。这一模式在法国、德国、意大利、卢森堡、西班牙等国被采用。欧洲会计受税法的影响根深蒂固，OECD 的调查认为，税法对财务报告的影响是欧洲经济共同体会计协调化和可比性的主要体制性障碍。该模式的指导思想扎根于法国，主要是受法国重商主义以及拿破仑法典的影响，它强调政府对企业以及企业会计的管理和控制。

欧洲大陆的合一模式，有其利，也有其弊。其利是：(1) 因财务会计利润往往就是应税所得，可在一定程度上抑制公司管理层夸大经营业绩的欲望，减少资本市场上的财务欺诈行为，从而有利于提高会计信息质量（可靠性、稳健性）；(2) 因纳税调整事项较少，可以降低税收遵从成本和纳税申报成本，纳税申报比较简便，法定的财务审计在一定程度上能够部分替代税务审计，可以使整个税收体系的监控成本大幅降低。其弊是：(1) 由于税法要求公司财务报表与纳税报表的一致性，会引导企业管理当局出于税收目的，尽量采取纳税最小化的会计政策，因而会影响企业财务状况和经营成果的信息质量；(2) 政府可能会排斥减少税收收入但能反映企业经济现实的会计程序。从 2005 年起，欧洲各国的上市公司开始执行《国际财务报告准则》(IFRS)，意味着采用“分离模式”。

(二) 税务会计与财务会计分离模式

税务会计与财务会计分离模式也可以称为独立型税务会计模式，即以投资者为导向的会计模式。在该模式下，要求企业同时提供财务会计与税务会计两套会计账表。税务会计直接根据税法确认计量涉税事项的计税依据、应纳税额等，无须在财务会计的基础上进行纳税调整；财务会计则根据会计准则进行会计处理，两者相互独立，自成体系。报告期末，税务会计产生税务会计信息，财务会计产生财务会计信息。这种模式在英、美等国采用，因此，被称为英美模式[①]。英美模式强调保护投资者、债权人的利益，要求为投资者进行投资决策提供客观公允的会计信息。它所体现的指导思想可追溯到英国历史中发挥重要影响的“资财监管责任”观念。在这种观念影响下，极为重视保护股东和债权人的利益。在以英美为代表的非立法会计国家和部分立法会计国家，会计准则独立于税法的要求，财务会计报告主要服务于投资人、债权人，税务机关也是使用者，但不是主要使用者（即不是主要服务对象）。

由于目标和原则的差异决定了税法与会计准则的分离，致使按税法规定应该确认为收入的，在财务会计中可能不确认为收入，而按税法规定不应该确认为费用的（不能在税前扣除），在财务会计中却可能确认为费用；或者出现相反的情况。这种分离有其客观性和必然性的，需要税务会计与财务会计分开，各自是独立的专业会计。

在税务会计与财务会计各自独立的模式下，企业的原始凭证当然只能有一套，但账簿可以设置两套，即财务会计按会计准则设置一套账，税务会计按税法的要求单独设置一套账，以完整反映企业各项税务会计要素的确认、计量、记录和申报过程。

税务会计与财务会计属于不同会计领域，两者分离有利于形

① 目前美、英等国已采用单独为税务目的服务的会计制度。（日）冈部孝好，田昆儒译：“税务会计的课题和领域”，《现代会计》，1996 年第 4 期。

成具有独立意义、目标明确、科学规范的会计理论和方法体系，能够充分发挥财务会计和税务会计的各自作用，应是会计发展的主流方向。应该明确的是，“分离”是财务会计的主张而非税务会计的要求，它是基于提高财务会计信息质量、保护投资者利益的要求。因为两者不论合一还是分离，税金负债（应交税金）的确认、计量、记录和申报，都要根据税法的规定进行税务会计处理。至于财务会计，当然可以有与税法规定保持一致或不一致的不同选项。

（三）税务会计与财务会计混合模式

税务会计与财务会计混合模式也可以称为适度分离或有分有合税务会计模式，即以企业为导向的会计模式。在该模式下，财务会计与税务会计在有关法规（税法、证券交易法、商法、会计准则等）的保障下，相互协调，有分有合。该模式综合运用了财务会计与税务会计的核算体系，能够较好地满足财务会计与税务会计各自的需要。

“适度分离”是指在确认、计量与报告（报表）环节分离，各自遵循其规范，而在记录环节可以是一套账簿体系。在对涉税事项的会计记录中，涉及税金负债的发生和清偿，按税法确认计量的结果进行税务会计记录，其对应的成本费用、资产等账户的财务会计记录则根据会计准则确认计量结果进行记录，在这样的“混合”会计分录中，当然应体现复式记账原理——借贷要平衡，而如何保持其平衡，则是财务会计的范畴。在实务中，对某些税种，财务会计遵循重要性原则，直接根据税法确认计量的结果进行会计记录，如消费税、资源税等，实际上采用了合一模式。

混合模式兼有前两种模式的特点，又可以分为主要倾向于英美模式或主要倾向于法德模式两类。如日本的所得税法对公司会计有直接的影响，属于法德模式；税法要求，为纳税而申报的收益额必须经过股东大会通过，并经各有关部门核准，但财务报表中所反映的收益额并不直接用于纳税申报，因此，也要进行必要的调整；但哪些项目有必要调整，哪些项目不允许调整，哪些项目可以灵活处理，却必须遵照税法的规定。混合模式的实用性较强，凡采用混合模式的都有其主要倾向。因此，可以将税务会计划分为“财税分离”与“财税合一”两种基本模式，适度分离或混合模式是介于两者之间的模式。

上述三种模式是从基本面划分的。在财务会计与税务会计合一模式的国家，执行国际财务报告准则或与其趋同的会计主体，其财务会计与税务会计也是分离的；在财务会计与税务会计分离的国家，其分离的程度、分离的方式也有所不同。在同一国家不同类型的企业，其分离的情况也不相同；即使在同一个企业，不同税种的会计处理，有的分离，有的不分离[①]。对小企业来说，其财务会计与税务会计很可能就是合一的，如我国《小企业会计准则》第七十一条规定：“小企业应当按照企业所得税法规定计算的当期应纳税额，确认所得税费用。”说明小企业所得税的会计处理是遵循两者合一的模式。由此可见，就一个国家而言，全部分离或全部合一的情况几乎没有。从这个意义上说，各国都是“混合”模式，所不同的仅是“混合”的范围和程度不同而已。

（四）税务会计模式的发展和启示

1. 税务会计模式的发展

各国会计模式虽然因其特定的社会环境不同而存在差异，但

① 这种情况，当然也可以称为“混合模式”。

随着经济全球化、贸易一体化和文化交流的日益频繁，各国会计模式都在有意无意地吸收他国会计模式的优点。事实上，从当前的会计发展趋势看，各国会计模式中的会计目标、会计规范、会计处理方法、会计报告手段、会计教育等正在向国际趋同，各种会计模式之间相互影响和融通，已成为不断完善和发展各国会计模式的动因之一。

美国应该算是会计规范最健全的国家，最早采用分离的会计模式，但也未能更好地避免会计造假与逃税、避税，最典型的案例就是美国能源巨头安然公司的会计丑闻。可见，税务会计与财务会计相分离的模式也不一定能够保证会计信息的真实、可靠，乃至对加强税收监管也并非是最优选择。《萨班斯—奥克斯利法案》的颁布和实施，标志着政府在会计规范方面发挥主导作用再次成为主流。

法国实行的是税务会计与财务会计相统一的模式。然而，自欧盟 4、7、8 号指令（欧盟要求成员国所有的上市公司最迟在 2005 年执行国际财务报告准则）颁布后，迫使法国对税务会计和财务会计关系的处理做出一些改革。法国放弃了极端统一的会计制度，实行单个公司会计与集团公司会计相分离的“双轨制”。将法国企业会计制度一分为二，一是只对单个公司会计进行规范的《总会计方案》，二是适用于集团公司的《合并会计的原则与方法》。集团公司会计处理不受税法的影响，按照国际会计惯例进行处理，因而产生“递延税项”。但在一般情况下，国家征税都是根据单个公司报表而不是合并报表。可以说，到目前为止，法国仍然采用税务会计与财务会计相统一的模式。

2. 税务会计模式发展的启示

（1）无最优模式。税务会计与财务会计相分离是不是促进本国经济发展的必要条件？从法、德等国家的经验看，未必如此。这些国家所采用的财税不分或者基本统一的会计模式，虽然没有像美国那样严谨的会计体系（规范），但并未妨碍其经济的快速发展。这些国家的大公司采用不同的筹资及公司治理结构，照样可以在很多产业领域与美国分庭抗礼。看来，世界上没有所谓“最优”的税务会计模式，适宜的才是最优的。各国税务会计模式的选择都是在其特定的经济和法律环境下，经由利益有关方博弈的结果。

（2）不在形式而在实质。综观各国的税制规定，尽管美国是会计准则与税法、财务会计与税务会计相互独立的国家，但财务会计中的某些原则仍深深体现在税务会计中。法国虽然要求财务会计服从税法，但税法中就规定设有“法定准备”账户，并未影响财务会计中有关谨慎性原则的规定。由此可见，如果在实质内容上能够反映经济事实，至于采用统一还是分离的形式，不是最关键的问题。反之，即使采用税务会计与财务会计相分离，如果只是套用形式，不重实质，不仅难以为广大会计人员认可，而且也未必能够使会计信息质量显著提高。

3. 会计准则的国际趋同对税务会计的影响

会计准则国际趋同是对会计国际化目标的更为具体和现实的表达，但这一过程仍然需要国际组织和各国政府的双向努力。过去，国际会计协调推动了会计国际协调；现在，国际基准会计准则制定仍然是一个国际会计协调过程，是会计准则趋同的前提条件和关键。从对会计准则全球趋同的概念分析，这一宏伟目标的实现需要国际组织和各国会计准则制定机构之间更加积极地合作，而且需要把协调工作的重点放在会计准则的制定过程之中，以保证基准会计准则的高质量和公认性。只有如此，各国会计准则才会主动向其趋同。由于会计国际化是国家利益的再分配，因此，各国必然会积极参与到会计准则的国际趋同中来，基准准则一般不会直接被某一个国家或集团的会计准则所采用，而只能是制定一套高质量的国际会计准则作为各国会计准则制定机构制定其会计准则的基准准则。

会计准则的国际趋同也会影响税务会计模式的选择。欧盟各成员国的上市公司已在 2005 年采用《国际财务报告准则》，法国、德国的变化就是有力的说明。1998 年 5 月，德国会计准则委员会（GASC）正式成立。当年，德国通过了《企业控制与透明法》，该法律要求司法部确认民间会计准则委员会。由于 GASC 制定的准则仅适用于合并财务报表，各公司会计仍然是税法导向，其合并的会计资料不能作为纳税依据。也应该看到，许多德国大公司为了在国际市场上筹集资金，根据 1998 年的立法，允许按国际会计准则（IAS）和美国公认会计原则（GAAP）另行编制一套合并财务报表。近年，德国税法也做了一些重要修订，如关于“准备”的问题，这些会导致其财务报告与纳税报告的差异。

从上可以看出，法国、德国的上市公司、跨国公司等大型企业的税务会计与财务会计分离已是必然趋势；美国、英国等非立法会计国家，其会计与税法分离，且由此导致的税务会计与财务会计分离则是由来已久。会计的国际化进程是向“公平交易观”发展，事实上就是向英美等非立法国家的会计发展。

会计国际趋同是大势所趋、潮流所向，这不仅有利于世界经济的发展与稳定，也有利于中国经济的持续、快速、协调健康发展。对我国来说，“直接采用”不是可以考虑的选项，而应坚持“国际趋同”。但不论直接采用，还是坚持趋同，都是对财务会计而言。对税务会计来说，都要按其本国的税收法规为处理依据，所不同的仅是两者差异的多少以及如何协调的问题。

四、税务会计与财务会计的关系

（一）税务会计与财务会计的界定及协调

1. 正确界定税务会计与财务会计

（1）所有企业都需要会计，但不一定都是财务会计；所有企业都需要缴税，因而都需要税务会计。财务会计自20世纪30年代产生以来，至今不足百年。税务会计是在现代资本主义税收制度诞生以后产生的，要早于财务会计。但可以说，税务会计与财务会计都是源于传统会计（如企业会计），即都是在传统会计的基础上发展起来的。至于传统会计的发展路径，不同类型企业是不同的。对不承担社会公众责任的企业，如果其会计是税法导向（实际上一般也是税法导向），就不能称其为财务会计，而是一般意义上的企业会计，因此也就不存在税务会计与财务会计的关系问题。对承担社会公众责任的公司制企业，才存在税务会计与财务会计的关系问题。

有人认为"各种税是企业的费用，其核算应当归于企业财务会计（现已在中级财务会计中），另设税务会计则完全重复。[①]"诚如作者所言："各种税是企业的费用"，但那是站在财务会计的角度，是财务会计中对涉税事项的处理，与财务会计中的收入（收益）配比，得出的是财务会计的"账面利润"，当然应该"归于企业财务会计"，因为它本来就不属于税务会计范

① 葛敬东："会计课程设置的乱象与统整"，《广东商学院学报》，2009年第6期。

畴。税务会计是以税法而非会计准则为确认、计量和申报的依据，其重心是确认、计量和申报企业应纳各税的税金负债（应交税金），而且根据“税法至上”原则，是税务会计根据税法确认计量税金负债（应交税金）在先，财务会计确认计量税收费用在后。至于税收费用（成本）是否与税金负债相同，则取决于会计准则是否保持与税法规定的一致性①。如所得税会计处理，当企业执行所得税会计准则时，体现了财务会计与税法的分离，其“所得税费用”与同期“应交所得税”不等。所得税费用的确认计量按会计准则，属于财务会计范畴；应交所得税的确认计量按税法规定②，属于税务会计范畴，界限明确，不可能相互替代，也就谈不上“谁重复谁”。对消费税、资源税等的会计处理，税收费用（成本）等于税金负债（请注意，不是税金负债等于税收费用!），显然是财务会计服从税务会计，即会计准则服从税法规定，是财务会计“重复③”了税务会计，而不是税务会计“重复”了财务会计。

财务会计中对涉税事项的处理仍属财务会计范畴、为实现财务会计目标，它既不能取代税务会计，也不等同于税务会计；而若“用税收法规来指导（财务）会计理念”（周华、戴德明，2006），即财务会计处理完全服从税法，则会明显降低财务会计信息质量，如现行增值税的会计处理方法。

在美国490万家企业中，只有1.7万家是在美国证券交易委

① 应特别说明，是会计准则是否保持与税法规定的一致性，而非税法规定要保持与会计准则的一致性，即不可能出现后一种情况。

② 实务中，因财务报告的报送（公布）要早于企业所得税的纳税申报，虽然可以先（暂）按财务会计账簿记录计算“应交企业所得税”，但在所得税纳税申报时，必须按税法规定进行纳税调整，归根结底还是按税法规定确认计量“应交企业所得税”。

③ 实为“借用”，下同。

员会（SEC）注册的，即99.7%的企业是非上市的小企业。[①] 对这些非上市的小企业，FASB也不会要求其执行GAAP，而是执行全国会计师协会（NSA）制定的《小企业税务会计指引》（TAGSB）。

国家工商行政管理总局2014年3月28日发布的《全国小微企业发展报告》显示，截至2013年底，全国共有小微企业1169.87万户，占企业总数76.57%。若将4436.29万户个体工商户视作微型企业，则小微企业在工商登记注册的市场主体中所占比重达到94.15%，而其中的97%以上属私营。小微企业没有向社会披露会计信息的义务，即使部分企业执行了《小企业会计准则》，其会计也不是理论意义上的财务会计，而是税法导向的企业会计。

（2）会计准则中的涉税会计规范仍属财务会计范畴，不能取代由税法导向的税务会计。不论在我国，还是在国外，学术界和政府都是以90%以上的精力和资源去研究和监管不足3%的承担社会公众责任的上市公司（公众公司），因为它们引领社会的进步和会计的发展方向。对这类企业，社会公众（尤其是投资人）和政府监管部门关注度最高的当然是其财务会计信息，其中就包括涉税会计信息。因此，就有人将财政部颁布的有关会计制度、准则视为"税务会计制度的法规"[②]。也有人认为"在存在财务会计系统的情况下，在实务中并不存在一个独立的税务会计处理体系"[③]。

改革开放以来，我国的（财务）会计制度建设取得了长足

---

① 汪祥耀等：《美国会计准则研究》，立信会计出版社2010年版，第123页。

② 周华、戴德明：《会计制度与经济发展》，中国人民大学出版社2006年版，第204～209页。

③ 曲晓辉等：《中国会计国际化研究》，经济科学出版社2010年版，第176页。

进步，企业会计准则实现了国际趋同，其中也有对涉税事项的规范，如《企业会计准则第 18 号——所得税》，但它们仍是财务会计范畴的规范，旨在提高财务会计报告的相关性，怎么能够称其为“税务会计制度的法规”呢？税务会计只能由税收法规来规范，而不可能是会计准则。现实是，会计准则与税收法规的差异在增大，而非在缩小。当然，税收法规也不可能“指导会计理念”。因此，也就不可能是“我国税务会计制度安排的合理选择①”。

在财务会计中，虽然要按现行税收法规或按预计变化的税收法规确认计量各项资产、负债的计税基础，旨在确认计量各项资产、负债的“暂时性差异”，进而为了计算递延所得税资产、递延所得税负债，以提高资产负债表信息质量的相关性（反映未来获利能力）②。而在税务会计中，必须根据现行税法规定确认计量各项资产（但不包括负债）的计税基础，是为了正确确认计量当期应纳税所得额，进而正确计算当期应交所得税。可见，财务会计中有关所得税计算基础的确认计量，根本不可能成为税务会计中的所得税会计的计算基础。在存在财务会计系统的情况下，“纳税数据的生成”固然可以在财务会计信息产出后“局部再加工”，“局部”当然是指其中的涉税部分，但“再加工”则不是那么简单，它需要遵循另一套规范标准，即根据税法重新确认计量，其报告是税务申报表，而非财务报告，难道这不是独立的税务会计处理系统吗？何况，它也完全可以“另起炉灶”，即不在“财务会计信息产出后的局部再加工”，而是从确认计量到

① 周华、戴德明：《会计制度与经济发展》，中国人民大学出版社 2006 年版，第 209 页。

② 所谓“提高”并非必然，也有可能是降低，这就看会计人员的职业操守和专业水平。

记录报表，均按税法规定处理。

认为财务会计能够处理税务问题、税务会计不是一个独立的体系，实际上是将财务会计中的涉税处理混同于“税务会计”。它与以税收法规为处理标准（依据）、以提供符合要求的税务会计报表的税务会计，是相关但不相同的两个体系。

我们既不能将所有涉税事项的会计处理都视为税务会计，又不能因财务会计也要处理涉税事项，就认为它能够取代税务会计。同理，也不能因为管理会计内容的宽泛性，就认为它能够取代财务会计①。

税务会计与财务会计对涉税事项的确认计量目标不同、依据不同、内容不同、方法不同。因此，研究税务会计，首先应该从理论上正确界定税务会计与财务会计。

2. 税务会计与财务会计的协调

税务会计是联结税法与会计准则的纽带。税法具有独立的法律效力，而会计准则往往不具有法律效力。在处理税法与财务会计的冲突时，一般是采取协调的方式，除无法协调的情况应遵循税法优先原则外，应尽可能减少税法与会计准则的差异。从提高税法的可操作性而言，财务会计无疑为税务会计提供了一个基点。也就是说，税法不是确定税务会计规则的唯一依据，如果会计准则能够更好地反映纳税人在纳税年度取得的应税所得，它也可以从这些准则中获得一些框架性和原则性支持，但它必须在税法中予以明确。

① 笔者不认可如下论断：“因各种利益牵制而无法改革的现代财务会计只能自生自灭，最终为社会所彻底抛弃。”“未来必然被现代管理会计取而代之”。（汪一凡：“现代财务会计是怎样造假的”，《财会学习》，2015 年第 1 期）财务会计需要改革，且一直在改，但没有足够因由会“自生自灭”；财务报表有缺憾，但绝不是“百年骗局”。管理会计日显重要，但也难以独步天下。

对于企业财务会计已有明确处理方法，而税收法律、行政法规没有规定的，总体处理原则是按照已有的财务会计规定处理。这样，既有利于缩小和协调税法与会计的差异，也有利于降低纳税人会计核算成本、纳税遵从成本和税务机关的征管成本。在我国现行企业所得税法中，已经主动取消了与会计准则的一些看似不大必要的差异，同时也增加了不少新差异，说明两者在不断协调彼此之间的关系。

财务会计和税务会计都是传统会计的继承者，它们都在发扬光大传统会计，并适应不断变化的环境，努力进取，协调配合，充分发挥各自作用，为会计主体的整体利益服务。

税务会计与财务会计——在实务中，尤其是在记录环节，两者可以是“混合”的，你中可以有我，我中可以有你；但在理论研究中，在学科界定上，应该你是你、我是我，两者不能互相“代表”，也不能互相替代。税务会计与财务会计——两者应该加强相互协调，但又保持各自的独立性、特殊性，更不应失去各自的目标。

建立相对独立的税务会计，有利于建立规范的财务会计核算管理体系，提高财务会计信息质量，使财务报告更好地服务于投资人等利益相关者；有利于夯实税务工作基础，保证税法的严肃性，使企业（纳税人）更好地履行法定纳税义务，并依法享有纳税人权利，建立规范、成熟的税企征纳关系，有利于丰富会计理论和方法，完善会计学科体系。

（二）税务会计与财务会计的联系

税收对会计的影响，往往与法律对会计的影响是分不开的，税收通过法律发挥作用，法律保障税法的执行，但它们对会计影响的着重点不同。法律规定会计“能做什么”和“不能做什么”，而税收则引导会计“怎样做”，从而影响会计的具体行为。例如，当税务会计与财务会计在实务中允许存在合理差异时，会计确认计量的选择必须遵循分别反映的原则，否则，两者之间量的差异将无法揭示出来。因此，税收对会计的影响是调节性的。

财务会计处理虽然要服务于企业财务目标，但也不能忽视税收因素对企业财务目标的影响。因为许多涉税事项是以财务会计记录为基础，甚至是作为判断依据。财务会计出于财务报告目的，可能会多计收入、少计成本费用，进而多算利润，而在计税时，很有可能以此为准；但若财务会计出于某种目的，少计收入、多计成本费用，进而少算利润，计税时，当然不能以此为准，必须要进行纳税调整。由此可见，财务会计因为职业判断的空间比较大，如果不能慎用，不仅会影响财务会计信息质量，也会影响税务会计信息质量，而且其影响一般只能是增加企业的税收负担，而不可能相反。

除税务备查账（或辅助登记簿，如发票使用登记簿、发票接受登记簿等）、税务辅助账（如研发费用辅助账等）、纳税申报表及其附表外，税务会计一般并不要求企业再设置一套独立于财务会计的凭证、账簿体系。其会计资料大多来源于财务会计，仅对财务会计中与现行税法规定不符的会计处理事项，或出于税务筹划目的需要调整的事项，按税务会计处理程序进行确认计量，并作调整会计分录，然后再融于财务会计账表之中。现代会计应该具备多重功能，诸如财务功能、税务功能、管理功能、成本分析功能、经济效益分析功能等，因此，不能仅有财务会计，还需要税务会计、管理会计和财务管理，以充分发挥协同作用。

税务会计与财务会计，两者应是共存与互依，共同承担企业会计的历史使命，而不应且不能互相取代或代表。在会计学科体系中，财务会计与税务会计是最具影响力的两个会计分支，它们在各国会计制度体系中，均占有重要地位。

（三）税务会计与财务会计的区别

1. 目标不同

财务会计[①]所提供的信息，除主要为投资人、债权人等利益相关者决策服务外，也为会计主体的生产经营管理服务；税务会计则要按现行税法规定计算应纳（退）税额，向税务机关等信息使用者提供税务会计信息，正确履行纳税义务，充分享受纳税人的权利，维护纳税人的合法权益。

由于两者的目标不同，存在差异是必然的。因此，不应试图去做“消灭差异”的无用功，而应考虑——面对诸多差异，如何做才能充分发挥各自的作用、实现各自的目标。

2. 对象不同

企业财务会计核算和监督的对象是企业以货币计量的全部经济事项，包括资金的投入、循环、周转、退出等过程，而税务会计核算和监督的对象只是与计税有关的经济事项，即与计税有关的资金运动。

3. 核算基础、处理依据不同

税收法规与会计准则存在某些差别，其中最主要的差别在于收益实现的时间和费用的可扣减性上。税收制度是收付实现制与权责发生制的结合，因为计算应税所得是要确定纳税人立即支付税款的能力，这与财务会计所依据的持续经营假设是相矛盾的，这便是纳税年度自身存在独立性的倾向。财务会计只是遵循会计准则，依照会计准则处理各种交易事项，面对同样的交易事项，会计人员有不同的判断、出现不同的会计结果，应被视为正常；

① 非仅指财务报告。

而税务会计不仅要遵循一般会计原则，更要严格按现行税法的要求进行会计处理，具有强制性、客观性和统一性。

4. 计算损益的程序不同——两者来自于不同系统

处于纳税目的而进行的应税收入（销售额）、所得（收益）的确认计量与编报财务报表时计算收入、利润（收益）的程序并不相同。税收法规中包括了修正一般收益概念的社会福利、公共政策和权益条款，强调“会计所得”（亦称账簿所得）与“应税所得”的不同。各国所得税法都规定法定收入项目及税法允许扣除的项目，在按税法确定两者金额后，其差额即为应纳税所得额（即直接计算法）。税务会计以此为法定依据，但在纳税申报时，为了方便，一般都是在会计所得的基础上按税法规定调整为应税所得后再计算应交所得税（即间接计算法）。

［美］简·R. 威廉姆斯、苏姗·F. 哈卡、马克·S. 贝特纳、约瑟夫 V. 卡塞罗对税务会计的认识非常精到，他们提出“税务会计来自于一个不同的系统”的观点十分深刻地揭示了一个潜在的逻辑——税收对财务会计的异向性。税务会计强调了税收对财务会计的依赖性即正向性，而异向性表现为一种冲突以及随之而来的会计扭曲（如增值税的会计处理），这也正是税务会计独立的价值所在。引入税务会计信息观念，并与财务会计、管理会计信息相比，认为“编制纳税申报表是会计中的专门领域。很大程度上，纳税申报表是以财务会计信息为基础。不过，这些信息通常要进行调整或重新组织以符合所得税报告的要求。引入税务会计信息概念的目的是便于与财务会计和管理会计信息进行对比。虽然税务信息对公司成功经营至关重要且与财务会计和管理会计信息相关，但它还是来自不同的系统，且符合有关公司纳税义务的专门法律要求。有关纳税的法规通常不同于财务会计和管理会计

信息的编制规定，由此产生不同的数字和报告也就不足为奇了。”①作者接着阐明“鉴于本书的重点是财务会计，而税务会计又非常复杂，故将有关税务会计的介绍留给其他会计课程。”令人遗憾的是，上网查阅作者任教的田纳西大学会计专业开设的专业课，仅有一门《联邦所得税（Federal Income Taxation）》，不见税务会计课；美国伊利诺大学香槟分校的会计专业倒是开设了15门税务方面的课程，其中就有《所得税会计（Income Tax Accounting）》。②

承认税务会计与财务会计的区别，承认税务会计是来自不同的系统，实际上也是承认政府有权对纳税人的非营业收益等确认和征税的问题。

财务会计与税务会计，既不能要求对方适应自己，也不必自己削足适履去符合对方。应该各自遵循自身的规律和规范，在理论上不断发展自己，在实务中不断完善自己。

（四）“三位一体”的企业会计体系

“根据企业会计所属会计领域的不同，会计学可大致分为下列三个部分：财务会计学（对外报告会计学）、管理会计学和税务会计学。”③ 如果说财务会计讲的是（或主要讲的是）昨天的故事，管理会计讲的是（或主要讲的是）明天的故事；那么，税务会计则是讲（或主要讲）今天的故事。故事都是由数字构成的，都有其美丽动人之处，但聪明人看的是“门道”。财务会

① ［美］简·R. 威廉姆斯等著，赵银德等译：《会计学——企业决策的基础（财务会计分册）（原书第17版）》，机械工业出版社2017年版。

② 属于税务会计中的所得税会计，而非财务会计中的所得税会计（Accounting for income tax）。

③ ［日］番场嘉一郎主编，司徒淳译：《新版会计学大词典（条目选译）》，中国展望出版社1986年版，第3页。

计（报告）更多是外部对企业合规性的要求，管理会计更多是企业内部的自我要求，税务会计则是政府征税的要求。三种会计主要服务对象不同、要求不同、目标不同。

“在美国，财务会计、管理会计和所得税会计本质上是相互独立的工作过程。GAAP 为财务会计提供原则；最高管理当局则规定管理会计需从事的工作；而 IRS 和国会制定的有关法律条文适用于所得税会计。这三种会计都以重要的营运信息作为最基本的数据来源。三种会计核算过程仅仅是对分散的营运信息采用了不同的组合方式。因此，公司不必刻板地设置三套体系不同的账簿，尽管可能有时会有这样的要求。[①]”约翰·怀尔德在其所著《财务会计——为决策提供的信息》一书中写道：“会计有四个主要的应用领域：财务、管理、税收和其他与会计相关的领域。”我认为，会计在每个应用领域的具体体现，就分别形成了财务会计、管理会计、税务会计与其他会计专题（如人力资源会计、环境会计等）。由此可见，企业会计是以财务会计为核心（基础）、以税务会计和管理会计为两翼的“三位一体”的企业会计体系，但税务会计与财务会计的紧密关系，管理会计是无可比拟的。

税务会计研究的另一个方面是筹划，可以说是企业经营筹划的一个重要组成部分，从经营者的角度来看，使企业纳税后的利润达到最大化是一个最重要的课题，为实现这一目标必须尽可能地节税，在制订经营计划时，应当选择最有利的节税方案，也可以说税务筹划是管理会计研究的一个重要领域。……从单纯的节税论向经营战略论的转变是一个新的研究方向，如何通过税务战略使企业在市场竞争中处于有利地位是 21 世纪税务会计研究的

① ［美］罗伯特·N. 安索尼等著：《会计学》，北京大学出版社 2002 年版，第 13 页。

重要领域[①]。由此可见，发达国家的税务会计已经由传统的节税论向经营战略论转变，并开始与战略管理会计对接，为税务会计展示了空前广阔的发展空间。

令人遗憾的是，目前我们更多关注的是税务会计与财务会计的关系，而对税务会计与管理会计关系的关注和研究则甚少。

五、税务会计概念框架

任何独立或相对独立的学科，都应该有不断推动并逐步完善其学科发展的基本问题以及由此而形成的基本概念和概念体系，即概念框架[②]。否则，就不能称其为独立或相对独立的学科。一个学科的概念框架，既可以以专门的标准化、规范化的文件（如公告、基本准则等）形式出现，又可以隐含在其学科知识体系之中。如果概念框架仍处于“隐含在其学科知识体系之中”的阶段，说明其学科理论研究的滞后性，说明该学科尚未从“自由王国之变为必然王国”，而“自由是必然的认识和世界的改造。”[③]

对会计概念框架的研究是会计理论研究的重要内容，构建具有逻辑性、整体性和系统性的税务会计概念框架，既是税务会计理论研究的重心，也是制定税务会计规范的依据，并可以正确界

① ［日］冈部孝好，田昆儒编译：“税务会计的课题和领域”，《现代会计》，1996 年第 4 期。

② 目前，“概念框架”这个名词概念已被学术界和准则制定机构所接受，但它本身也存在模糊性和歧义。其实，也可以称为理论结构或结构体系。

③ 毛泽东：《毛泽东著作选读》，人民出版社 1986 年版，第 485 页。

定税务会计与财务会计[①]，指导税务会计处理实务。

作为一个专业术语，财务会计概念框架最早是在 20 世纪 70 年代提出的[②]，但其思想或者说对其的研究，则在 20 世纪 70 年代之前几十年甚至几百年就已经开始了。税务会计作为早已实质性存在的专业会计，其历史并不短于财务会计，甚或早于财务会计。[③] 令人遗憾的是，迄今似乎未见系统研究税务会计概念框架的文献，各国的有关机构也从未发布过类似的“概念公告”或“框架”等。究其因，我认为是源于对财务会计与税务会计的学科界定上。有人认为，既然财务会计也要处理涉税事项，“另设税务会计则完全重复”（葛敬东，2009）。也有人认为，（财务）“会计制度积极向税收法规靠拢，……用税收法规来指导会计理念，应当是我国税务会计制度安排的合理选择”（周华、戴德明，2006）。而现实是在企业界广泛使用“财务会计、管理会计和税务会计三类会计信息”（简·R. 威廉姆斯等，2017）。既然是“三类会计信息”，就需要三种会计，就不能采用“同一化模式”。

美国是最早主张财务会计与税务会计分离的国家，尤其表现在所得税会计的处理上。但为什么迄今为止未能构建税务会计概念框架呢？对此，我比较认可董盈厚博士的如下观点：“从财务会计来看，是先有财务会计概念结构，然后在其指导、评价下制定财务会计准则，但税务会计概念结构与税务会计‘准则’存在部分倒置程序——先有税收法律后有税务会计概念结构，也就

① 就不会将所得税会计处理（accounting for income tax）等同于所得税会计（income tax accounting）。因为前者由所得税会计准则规范，后者则由所得税税法规定，只有后者才能简称税务会计（tax accounting）。

② 1976 年 12 月，美国财务会计准则委员会（FASB）公布《财务会计概念结构：财务报表的要素及其计量》。

③ 财务会计的出现则在 20 世纪 30 年代以后（葛家澍，2006）。

是说税务会计最优先‘准则’的税收法律不是由税务会计概念结构指导制定的。立法机构制定税收法律后，才有可能产生税收法律与会计准则既冲突又协调的会计机制理论化的系统框架——税务会计概念结构。[①]”税务会计概念框架要体现税收法律约束，在其约束下反映税务会计的目标诉求。税务会计概念框架的制定涉及税收征纳双方的利益，复杂多变的税收法律、法规、规章与会计规范引起的复杂性、动态性，这就意味着即使不考虑权威性与“租金”，概念框架制定部门在组织、协调、研究等方面的成本将会非常高；而且很难想象，税务会计概念框架的制定会比照财务会计那样，由监管机构“委托授权”，各国的税收立法或执法部门也不大可能授权。财务会计准则可以讲“国际趋同”“国际通用（直接采用）”，但以税法为处理依据的税务会计则不可能。“征税权”是国家的基本权利，国与国之间可以签订税收协定，可以进行税收协调，但决不会放弃国家的征税权，不可能出现类似IASB那样的“世界税收组织”；当然，也就不会产生类似于“IASB编报财务报表的框架”那样的国际“概念框架”。由此可见，从根本上说，税务会计是一种国内会计，对包括概念框架在内的税务会计的理论研究“是一个‘本土化’的诱致性理论变迁、一个选题约束下的理论创建”（董盈厚，2011）。

尽管目前美国尚未构建税务会计概念框架，但美国国会愈来愈意识到税务会计问题的重要性，并积极地参与税务会计的立法活动。税务会计问题的第一个立法法案是1984年的税制改革法案，其后的1986年税制改革法案和1987年收入法案，都是涉及税务会计的立法，如收付实现制的使用、存货成本计价、分期付款、坏账准备的处理等（刘扬新，1994）。2007年第十届全国人

---

① 引自其博士学位论文。

大第五次会议通过的《中华人民共和国企业所得税法》、国务院颁布的《中华人民共和国企业所得税法实施条例》和财政部、国家税务总局制定的相关配套法规，其中就有税务会计的立法和法规规定内容，不过没有言明而已①。

在政府尚未主导税务会计概念框架的情况下，概念框架虽然不能作为税收法规制定、修订的依据，但它对法规的制定、修订应该而且完全可以发挥正能量，可以避免法规中出现某些前后矛盾、明显疏漏或违背公认会计原则的问题。

为了规范税务会计处理实务，提高税务会计信息质量，保证政府财政收入，降低企业税务风险，同样也应加强税务会计基本理论和概念框架的研究，构建税务会计理论体系；同样也需要政府主管部门的积极推动。在此之前，它可以先由民间和学术界推动，以民间形式的学术研究提供以税务会计概念框架为核心的基本理论，因而更具现实性、灵活性、原创性和交易成本较低等优势，也是会计理论"供给对需求做出的初步反映"（罗斯 L. 瓦茨、杰罗尔德 L. 齐默尔曼，2006）。

六、税务会计目标与假设

（一）税务会计目标

"任何研究领域都要以阐明范围和确定目标为其出发点。在

① 法规的表述方式不同于框架的表述方式，犹如纳税人权利与义务是在《税收征管法》及其实施条例中规定，但国家税务总局《关于纳税人权利与义务的公告》（2009 年第 1 号）则是用非法规的方式表述，尽管基本内容相同，但效果更好。

会计领域中，目标可以视为形式结构中假设的一部分，或者视为超过或同于假设水准的一组建议。”①

会计是一个人造的经济信息系统，既有功能，又有目标，而自然系统则只有功能而无目标。因为目标是人们主观意志的产物，而自然系统的运行则不以人们的主观意志为转移。会计目标是指会计所要达到的境地或结果，体现设置会计系统的目的和要求。

作为企业的税务会计，其目标导向主要应该是企业本身，即税务会计主体，而不能像财务会计（报告）那样——主要以投资人为导向。正如美国会计学家所言：“税务会计有两个目的：遵守税法和尽量合理避税。②”“税务会计有两个目标：既要遵循税法规定，又要使公司纳税金额最小化。③”“税务会计的目标不是会计，而是收益。④”显然，都是站在税务会计主体。为避免单一目标表述的局限性，应将税务会计目标界定为基本目标、具体目标和特定目标，三者是一种递进的关系。

基本目标是遵守或不违反税法，即达到税收遵从（tax compliance）⑤，从而降低税法遵从成本。

具体目标是向税务会计信息使用者提供有助于其进行税务决策、实现最大涉税利益的会计信息。

特定目标是在将税务会计信息使用者分类的基础上，针对不

① ［美］埃尔登·S. 亨德里克森：《会计理论》，立信会计出版社 2013 年版，第 75 页。

② ［美］查尔斯·T. 亨格瑞等：《会计学》（第 3 版），中国人民大学出版社 1997 年版，第 44 页。

③ ［美］沃尔特·T. 哈里森等：《财务会计》（第 5 版），北京大学出版社 2006 年版，第 2 页。

④ ［美］汉弗莱·H. 纳什：《未来会计》，中国财政经济出版社 2001 年版，第 17 页。

⑤ 正确计算、及时申报和缴纳税款。

同使用者要实现的目标。税务会计信息的使用者基本上可以分为两大类：一是政府部门（主要指税务机关），二是企业的经营者、投资人、债权人等。对不同的信息使用者，税务会计应体现其特定目标：首先是税务机关，可以根据企业的税务会计报表（纳税申报表及其附表）进行税款征收、税务监督和稽查，并作为国家税收立法、修法的主要依据。其次是企业的经营者、投资人、债权人等，可以通过税务会计报表以及在此基础上计算编制的税负分析表，还有企业的税务规划、税务风险分析等，以了解企业纳税义务的履行情况、税收负担、税收利益和税务风险等，并为其进行经营决策、投融资决策等提供涉及税收因素的会计信息，最大限度地争取企业的税收利益、维护纳税人的合法权益。

如果说财务会计目标比较复杂，甚至还有歧义，那么，税务会计目标则比较明快，也较少争议。如果说财务会计目标比较理想、比较自负，那么，税务会计目标则比较现实、比较实在。

导向决定目标，目标影响原则，原则体现目标。税务会计目标应是、实际上也是更多地体现税务会计主体的利益。

（二）税务会计假设

“在一个不确定性的世界中，假设的存在是不可避免的。”（莫茨：《现代会计手册》）会计假设是自我证明的会计环境命题，是会计原则赖以存在的基本假定。会计假设①是会计及其报告的基础，是表明会计的环境特征，是会计目标和会计所处环境的函数，是基于会计目标而对会计所处环境和会计实务先决条件而做出的合理推断（推论）。“现代会计不但需要在许多场合运

① 会计假设（accounting postulates）亦称会计假定（accounting assumptions）、基本前提（basic premise）。

用估计和判断，而且整个结构是建立在一系列的一般假设的基础上，换句话说，要有一些基本前提和假定支持会计人员对价值、成本、收益等作出特定结论。否则，这些结论将难以成立。”（威廉·佩顿，1922）美国的概念框架以决策有用为目标导向，并不等于由环境产生的客观假设不存在。两者虽然没有必然联系，但若没有“假设”，会计目标就可能落空或脱离实际；而若没有目标，仅固守“假设”，就会失去方向和前进动力。由于税务会计目标与财务会计目标不同，而且还存在纳税人与负税人分离等情况，当研究税务会计基本假设时，应突出其特定含义。

1. 税务会计主体

税务会计主体（实体）是税法规定的直接负有纳税义务并享有纳税人权利的企业和单位（组织）。对税务会计主体的界定，应基于以下三点：（1）该主体必须是涉及税法规定的应税事项；（2）该主体必须是能够独立承担纳税义务，并享有纳税人权利；（3）该主体必须是能够通过会计程序和方法反映其应税事项。由此可见，企业和单位（组织）是税务会计主体，同时也是纳税主体[①]，但纳税主体不一定都是税务会计主体，税务会计主体也不一定是纳税主体[②]。正确界定税务会计主体，就是要求每个会计主体应与其他会计主体分开，保持所需的会计凭证和账簿记录，并及时报告其应税销售额、应税所得额及应交税款等会计信息。国家规定各税种的不同纳税人，有利于体现税收政策的合理负担和区别对待原则，以协调国民经济各部门、各地区、各层次的关系。

① 在网络环境下，纳税主体又可以分为实体纳税主体与虚拟（网络）纳税主体，两者的税收政策、税收征管方式应该有所区别。

② 一般而言，自然人可能是纳税主体，但不一定就是税务会计主体。

税务会计主体与财务会计主体有密切联系，但不一定等同。在一般情况下，财务会计主体同时也是税务会计主体；但在特殊或特定情况下，财务会计主体不一定就是税务会计主体，税务会计主体也不一定就是财务会计主体。在汇总纳税[①]情况下，总机构与分支机构的税务会计主体与财务会计主体不一致。

与应税实体相对应的是管道实体。管道实体是没有纳税义务的实体。这类实体只记录其从事的交易活动，要向政府报告其销售额（但不征税）。在管道实体中，实体的税收属性（所得、抵免、扣除等）通过管道实体转给应税实体，由其纳税。其实，只要是单一纳税环节的间接税，其上、下游环节就是管道实体，但我国税法中尚未对管道实体予以要求，这就给纳税人提供了规避税负的平台。

2. 持续经营

持续经营是以税务会计主体既定的经营方针和目标、正常的经营活动为假定前提，它意味着纳税主体将会继续存在足够长的时间以实现其现在的承诺——履行纳税义务。在此前提下选择税务会计处理程序和方法，如资产按历史成本计价、按原定用途使用；预期所得税将在后期被征收，这是所得税款递延、亏损向后结转以及暂时性差异能够使用纳税影响会计法进行所得税跨期摊配的理论依据。在持续经营假设下，可以将会计主体具有高度不确定性的经营前景转为中度不确定性，赋予每个主体进行会计确认、计量和申报的相同时间段，保持其程序和方法的稳定性，稳定税源，有利于国家及时足额地取得税收收入。

我国企业所得税法就是以企业持续经营为假设前提，如《企

① 居民企业在中国境内跨地区设立不具有法人资格分支机构的，该居民企业为汇总纳税企业。

业所得税法实施条例》第四十四条规定："企业发生的符合条件的广告费和业务宣传费支出，除国务院财政、税务主管部门另有规定外，不超过当年销售（营业）收入15%的部分，准予扣除；超过部分，准予在以后纳税年度结转扣除。""企业发生的公益性捐赠支出，在年度利润总额12%以内的部分，准予在计算应纳税所得额时扣除；超过年度利润总额12%的部分，准予结转以后三年内在计算应纳税所得额时扣除。"[①] 税法规定纳税人可以无限期或有限期内结转扣除，实际上体现的就是持续经营假定前提。

3. 年度会计核算

年度会计核算是税务会计中的一个最基本概念，各国税制都是建立在年度会计核算的基础上，而不是建立在某一特定业务的基础上。所有会计主体必须以年度核算为基础，报告其经营成果，并与其他纳税年度分开，即所有会计主体都必须明确一个年度会计核算期间，并向政府报告其经营结果。在该假设前提下，当某项交易的影响超过一年时，例如纳税人以前年度的税前扣除，若在以后年度实际收回了，应在收回年度将该项扣除中获得的纳税收益作为所得予以申报，即纳税人应遵循纳税收益规则。

课税只针对某一特定纳税期间发生的全部事项的净结果，而不考虑其在后续年度中的可能结果，后续事项将在其实际发生的年度内考虑，从而使税务会计数据具有更多的可核对性，以揭示税款分配的影响金额。该项基本前提是美国最高法院在1920年审理伯内特·V. 善福特与布鲁克公司一案中最先认定的，从此成为税务会计的一个根本性概念。年度会计核算要求每个纳税人必须在权责发生制与收付实现制两者之间进行正确选择。

① 2017年2月24日，第十二届全国人大常委会第二十六次会议修改《中华人民共和国企业所得税法》第九条的决定。

4. 货币计量与货币时间价值

"货币计量是会计系统产出所依循的尺度约定。这一假设认为，会计是一个可以运用货币对企业活动进行计量并把计量结果加以传递的过程。"[①] 货币作为会计的统一计量单位，有其必然性。因为财富（资产）具有多种存在形式，只有当多种财富可以用统一尺度反映时，才能根据数学原理进行处理。在商品经济环境下，货币作为一种特殊的商品，具有"共同显示器"的作用，最适于充当统一计量尺度。因此，也可以说，"会计是一门关于计量和传递货币性活动的学科。"[②] 但货币作为统一计量单位也有其局限性，因为货币单位的"量度"应当以货币的购买力表示，而货币的购买力是随时发生变化的，会计在运用货币单位计量时，只能假定其币值是稳定或不变的。当遇到通货膨胀时，可以运用其他会计手段减少其影响。

税务会计以货币单位计量为基本前提，其原理与财务会计相同。尽管有的税种或税目的计税依据可能是实物计量单位，尽管在财务会计中，有的会计主体是以某种外币作为记账本位币，但在税务会计中，会计主体应交税金的计算、申报、缴纳和退补，必须以人民币为计量单位。对于收入、所得系非货币性资产的，应当按税法规定的确认原则、标准（条件）计算或估定；对于收入、所得为外币的，应按我国外汇基准汇价[③]折合人民币计算。在税务会计中，更加体现币值稳定假设，未经税务机关批准，不得采用非历史成本计量。

由于税务会计具有融资功能，政府为了保证其财政收入或为实

① 陈少华：《财务会计研究》，中国金融出版社 2007 年版，第 96 页。

② 陈少华：《财务会计研究》，中国金融出版社 2007 年版，第 96 页。

③ 按每个纳税期的最后一日人民币汇率的中间价折算。

现其宏观调控目标，在税收实体法中明确规定了各个税种纳税义务的确认条件、税前扣除原则、纳税申报期限、税款缴库期限、税款抵退期限、税收优惠期限等，而纳税人则通过税务会计尽可能实现递延缴纳税款、早日获得抵退免税款等，以体现货币的时间价值。

5. 财务会计处理符合会计准则

在1919年美国颁布的税法中就曾明确："公司账簿被假定是陈述了事实。"说明税务会计在计税时是在财务会计基础上进行的，而且是以财务会计核算资料真实、正确为假定前提。在这一前提下，税务会计为实现其目标，按税法规定对财务会计已确认计量的收入、费用等进行再确认、再计量，以符合税法和（或）企业税务筹划的要求。如果这个假定前提不成立或不存在，势必大大增加计税难度，提高税收征管成本。

七、税务会计原则

"会计原则在会计理论结构中，并不居于基础的层次，会计目标、会计假设、会计概念是会计的基础理论，会计原则是建立在会计基础理论上的规范性概念或规则，是制定会计准则的依据。[①]"会计原则是会计的行为规范，是编制会计报表必须遵循的规则或指南。在会计概念框架中，会计原则是不可或缺的。由于税务会计既受财务会计的影响，更受税法的约束，因此在税务会计理论研究中，本人比较倾向于采用"税务会计原则"的提法：一是"原则"涵盖"质量特征"，"质量特征"是"原则"

① 陈今池：《西方现代会计理论》（第2版），中国财政经济出版社2008年版，第79页。

的核心内容；二是因税务会计与税收的特定关系，税收原则理论和税收立法原则会非常明显地影响甚至主导税务会计，此外，还应体现税务会计主体的税收利益。为了保持“小原则”与“大原则”的一致性，故用“税务会计原则”。

对纳税人来说，税款稽征原则应该就是其税收核算原则，即税务会计原则。税务会计虽然要遵循财务会计的一般程序和方法，但又必须以税法为导向。一般认为，美国的《国内收入法典》（IRC）既是联邦税收的最高法律，也是税务会计（Federal Tax Accounting）的实务指南，如是，税务会计原则也就隐含在《国内收入法典》之中，包括我国在内的世界各国税务会计原则都隐含在其税法之中。它虽然远不如财务会计原则（质量特征）那么明确、那么公认[①]、那么耳熟能详，但其刚性、其硬度，却要明显高于财务会计原则，纳税人一旦违反，就要受到税法等相关法律的惩处。根据本人的理解与认识，税务会计原则主要有：

（一）法定性原则

法定性原则是指税务会计主体的权利和义务必须由税法予以规定，主要体现在税种法定、税收要素法定和税收程序法定。该原则也可称为“税法至上”原则，它是民主与法治原则在税法上的体现，对保障公民权利、维护国家利益和社会公益具有重要意义。纳税人在进行税务会计处理时，必须以税法规定为处理依据，即税法优先于会计法规等其他普通法规。

（二）确定性原则

确定性原则是指在所得税会计处理过程中，按所得税税法的

① 尽管各国（财务）会计原则并不完全相同，但相差不多；我国的会计原则属于（财务）会计法规体系的组成部分，不仅具有公认性，而且具有强制性。

规定，应税收入与可扣除费用的实际实现应具有确定性，即纳税人可扣除的费用不论何时支付，其金额必须是确定的。该原则适用于所得税的税前扣除，凡税前扣除的费用（如资产损失等），必须是真实发生的，且其金额必须是确定的。

（三）合理性原则

合理性原则是指纳税人可扣除费用的计算与分配方法应符合一般的经营常规和会计惯例。税前扣除的支出应在真实性的基础上符合合理性要求。合理性的具体判断，主要是看支出的计算和分配方法是否符合一般经营常规。合理性原则旨在防止企业通过不合理的税前扣除调节应税所得，规避税收；同时，也为税务机关加强一般反避税工作提供依据。该原则属于定性原则，在实际执行中具有较大的弹性空间。对同一交易事项的认定和会计处理，征纳双方角度不同、利益不同，对是否“合理”会有不同的解释。因此，税务会计应该提供具有“合理性”的充分说服力。

（四）真实性与及时性原则

真实性原则要求企业应纳税额的计算必须以真实的交易为基础，各项会计记录必须真实正确，有合法凭证作为记账依据。财务会计的“真实性（如实反映）”虽然与税务会计的“真实性”比较接近，但在税务会计中，强调涉税事项的真实发生、强调业务的合法会计凭证，而财务会计却有更多的判断和估计。税务会计的及时性原则主要表现在两个方面：一是对企业发生的涉税事项必须及时确认计量应税收入或损失，不得提前或滞后；二是应纳税额必须及时申报缴纳，逾期会加收滞纳金，并处罚款。

（五）相关性与配比性原则

相关性与配比原则体现在企业所得税应纳税所得额的计算上，

即纳税人当期可扣除的成本、费用在性质和根源上不仅要与其取得的应税收入相关①，而且其按税法规定确认计量的当期税前扣除额与应税收入额要配比，即纳税人发生的费用应在费用应配比或应分配的当期申报扣除。根据该原则，企业取得的不征税收入是企业非营利性活动收入，不具可税性，不属于企业所得税的应税收入。因此，对不征税收入所形成的支出，也不得在税前扣除。

对税务会计来说，因其信息的外部使用者主要是主管税务机关，不会导致像财务会计的可靠性与相关性的矛盾，因为只有真实性的税务会计信息，才会与主管税务机关的决策相关。

（六）税款支付能力原则

税款支付能力与纳税能力有所不同。纳税能力是指纳税人应以合理的标准确定计税基数（税基），有同等计税基数的纳税人应负担同一税种的同等税款，纳税能力体现的是合理负税原则。由于税款支付必须全部以现金支付，如果税款支付能力低于纳税能力，就可能发生欠税的违法行为。因此，在确认计量企业纳税能力的同时，还应充分考虑税款的实际支付能力，以免给企业带来额外损失。

八、税务会计要素

税务会计要素是对税务会计对象的进一步分类，其分类既要服从税务会计目标，又受税务会计环境的影响。税务会计环境决

① 企业取得的各项免税收入所对应的各项成本费用，也可以在计算企业应纳税所得额时扣除（另有规定者除外）。

定税务会计主体的具体涉税事项和特点，按涉税事项的特点和信息使用者的要求进行的分类，即形成税务会计要素。由于作为直接税的企业所得税税基不能直接确认计量，因此，税务会计要素可以分为适用于所有税种的会计要素与仅适用于企业所得税的会计要素。如果将各主要实体税种会计作为一个相对独立的会计，其会计要素还可以再细化，如增值税会计要素、所得税会计要素等。这里的税务会计要素仅指税务会计基本因素。

（一）所有税种的会计要素

1. 计税依据

税法中规定的计算应纳税额的根据，在税收理论中称为计税依据，简称税基。税种不同，税目不同，其计税依据也不相同。不同税种的应缴税款是各税的计税依据与其税率或单位税额相乘之积。与财务会计不同的是，税务会计中的计税依据既可以是货币计量，又可以是实物计量。“应税所得”是计税依据，但计税依据不只是应税所得，它还包括应税销售额、销售量、占地面积等。

2. 应纳税额

应纳税额是计税依据与其适用税率或单位税额①之乘积。如果说其他税务会计要素是在财务会计确认计量的基础上，按税法规定，经过再确认、再计量而得；那么，“应纳税额”则是税务会计特有的一个会计要素。影响应纳税额的因素有计税依据、税率/单位税额和减免、退税等因素。计税依据体现征税的广度，

① 有人认为，税率、单位税额也可以称为一项税务会计要素。本书认为，在个别税种中，“税率（单位税额）”虽然有确认过程，但在现行税种中没有后续过程（在税务会计报表中一般都是已知的），因此，未将其作为单独的税务会计要素。

税率、单位税额则体现征税的深度。如果是对税基的减免，减免税因素体现在计税依据中；如果是对应纳税额的减免，“减免税额”就是一个单独的会计要素。

（二）所得税的会计要素

1. 应税收入

应税收入是企业因销售商品、提供劳务、服务等应税行为所取得的收入，即税法所认定的收入，亦称法定收入。应税收入与财务会计收入（简称“会计收入”）有密切联系，但在一般情况下并不等同。确认应税收入的原则是：（1）必须与应税行为相联系，即只有发生应税行为才能产生应税收入；换言之，如果纳税人发生非应税行为或免税行为，其所取得的收入就不是应税收入，而只是财务会计收入。（2）必须与某一具体税种相关。纳税人取得一项收入，如果是应税收入，那就应该与某一具体税种相关，也就是某一特定税种的应税收入，而非其他税种的应税收入。对应税收入的确认计量，税务会计遵循“税法至上”原则，如视同销售的规定、对权责发生制的修正等。

2. 扣除费用

扣除费用中的“费用”是指广义的费用。它是企业因发生应税收入而必须支付的销售成本、期间费用、税金及附加、资产损失和其他支出，即税法所认可的允许在税前扣除项目的金额。它是在财务会计按会计准则确认计量的基础上，按税法规定进行的再确认、再计量（调整）：一是按其与应税收入的发生是否为因果关系，如为因果关系，可按比例扣除；二是在受益期内，按税法允许的会计方法进行折旧、摊销；三是对财务会计中已经确认、计量、记录的某些项目，虽然与税务会计确认的口径相同，但对超过税法规定扣除标准的项目，税务会计要按税法规定的扣除限额作为扣除费用的上限。由此可见，财务会计确认、计量、记录的成本、费用、支出与法定扣除项目金额虽然有密切关系，但两者不等同。

3. 应税所得

应税所得是“应纳税所得额”的简称，是应税收入与扣除费用的差额，也是所得税的计税依据①。在税务会计实务中，企业是在财务会计提供的账面利润的基础上，按现行税法与财务会计的差异及其选定的所得税会计方法确认应纳税所得额，进而计算应纳所得税额。如果财务会计提供的账面利润（利润总额）是负数，即为账面亏损。在账面亏损的基础上，按税法进行调整，如果调整后仍为负数，即应税亏损。对应税亏损，方可按税法规定期限进行税前弥补。

（三）税务会计要素的平衡关系

在我国财务会计的六项会计要素中，资产、负债和所有者权益要素构成资产负债表，收入、费用和利润要素构成利润表，通过两张主要财务会计报表，分别体现了静态、动态会计要素之间的关系，即形成两个平衡公式。税务会计要素均是动态会计要素，它是税制构成要素在税务会计中的基本体现（但不是全部体现）。上述五项税务会计要素构成以下两个会计等式：

应纳税额 = 计税依据 × 适用税率（或单位税额）

应税所得（计税依据） = 应税收入 - 扣除费用

前者适用于所有税种，后者仅适用于企业所得税。

税务会计要素及其平衡公式，均可体现在税务会计申报表

① 应税所得是计税依据，但计税依据不仅是应税所得。

中，因此，也可以称为税务会计报表要素。

九、税务会计程序

税务会计程序因各国税制的逐步建立健全、财务会计的逐步规范，经历了由简到繁、由不规范到逐步规范的发展过程。为了适应资本市场的制度安排，目前财务会计程序的重心是确认、计量和报告（披露）三个程序[①]。但在税务会计中，我认为确认、计量、记录和报表（申报）四个程序同等重要，而且从某种意义上说，会计记录更为重要。

（一）税务会计确认

会计确认就是按一定的标准或条件所进行的判断和认定。会计确认是为了保证会计报表所提供的信息符合会计目标、会计原则（信息质量要求），即为了保证提供一份高质量的会计报表。

1. 税务会计确认标准

在 IASB《财务报表编报的框架》中对会计确认明确了“（1）与该项目有关的未来经济利益将很有可能流入或流出主体，以及（2）对该项目的成本或价值能够可靠地加以计量”两项标准。FASB 是在效益大于成本和符合重要性原则的前提（约束条件）下，所有要素的所属项目的确认标准应具备可定义性、可计量性、相关性和可靠性四项标准。IASB 的表述比较概括，

---

① 葛家澍教授在《财务会计理论研究》（2006）中写道：在整个财务会计程序中，不仅使确认、计量和报表成为财务会计必不可少的基本程序，而且，它们的重要性很快超过了相对稳定的记录和编表（仅指两个基本财务报表）这两个传统程序。

且仅限于财务报表项目的确认；FASB 的表述比较具体，既包括表内确认，又包括账内确认。在税务会计确认时，“重要性”就不能作为其确认前提，因为只要是涉税事项，不论金额大小，都要确认计量，不存在职业判断的问题；也不能用“未来经济利益很有可能流入或流出”作为确认标准，它强调的是确定性；至于“可定义性”，则需要明确为“符合税务会计要素定义”。总之，税务会计确认标准应以现行税法为准，符合税务会计要素定义。

2. 税务会计确认基础

各国早期的税法都以收付实现为确认基础，因为它体现了现金流动原则（具体化为公平负税和支付能力原则），该原则是确保纳税人有能力支付应纳税款而使政府获取财政收入的基础。[①]目前，虽然包括我国在内的大多数国家的税法都接受权责发生制原则，但在其实际运用时，与财务会计存在明显差异：第一，要考虑税款支付能力原则，使纳税人在最有能力支付时支付税款。如在收入确认上，权责发生制的税务会计由于在一定程度上被支付能力原则所覆盖而蕴含收付实现制的确认基础。第二，确定性要求。收入和费用的实际发生必须具有确定性，税前扣除费用是企业实际发生的费用，且其金额应是能够准确确定的。因此，财务会计以权责发生制为基础确认的各项资产减值准备，因计提时并未“真实发生”而不得在税前扣除；因确认的预计负债可能会导致企业将来发生支出义务，而不允许在预计时扣除等。可见，税务会计（实则是税法）原则上接受权责发生制确认基础，但是以不减少或保护国家的税收收入为前提，体现税收的实用主

① 目前，收付实现制确认基础适用于非法人企业、非营利组织和个人的纳税申报。

义原则。

在税务会计中，企业所得税虽然明确是以权责发生制为基础，但也兼容真实发生、确定性等原则。增值税纳税义务虽然也是权责发生制基础，但为了保证销售方应纳增值税的确认要早于购买方抵扣税款的认定，其纳税义务则以开具增值税发票、实际收款和合同约定的收款时间“为先者”为确认原则。

可见，同是权责发生制基础，因增值税与企业所得税应税收入的确认原则不同，同一纳税人同一期间的财务会计收入、增值税销售额（应税收入）与企业所得税应税收入额不同。同是增值税，其销项税额的确认与进项税额的确认（抵扣）又有不同，进项税额的确认采用的是实现制，企业必须取得增值税发票且在规定时间内进行比对认证或勾选确认后申报抵扣，否则，不得抵扣。这是当采用权责发生制不利于税收保全时，税法所采取的一种防范措施。

企业发现以前年度实际发生的、按税法规定应在企业所得税前扣除而未扣除或者少扣除的支出时，根据收付实现制确认基础，可以追补确认①；但根据权责发生制原则，不得改变税费扣除的所属年度，即以前年度发生的应扣未扣支出，应追补至该项目发生年度计算扣除。说明在税务会计实务中，两种会计确认基础是结合使用的。税法之所以有条件地接受权责发生制或修正权责发生制，就是将税收保全、收入均衡、便于征管，乃至反避税置于其上。

① 追补确认期限不超过 5 年。

（二）税务会计计量

会计计量[①]就是在恰当的时间、以特定的单位所做出的数量反映。会计计量是会计处理程序的一个不可缺少的环节，若没有会计计量，会计确认将无从体现。在税务会计实务中，每个企业在填报税务会计报表（纳税申报表）时都必须对税务会计要素进行确认计量，而且不能出现差错，否则，将会受到税务机关的惩罚。在财务会计与税务会计合一的情况下，对涉税的交易事项，财务会计计量属性要服从于税务会计；而在财务会计与税务会计分离的情况下，财务会计计量属性与税务会计计量属性应体现或服务于各自的会计目标。

税务会计计量属性源于税法，即便借鉴了会计准则，也必须在税法中寻到依据，并按税法的规定条件正确运用，而现实是哪个国家的税法也没有像会计准则那样在一个规范性文件[②]中集中阐明其计量属性。这就需要认真研究税法、正确解读税法，并从税法中去归纳、提炼出其计量属性，以便正确地进行各种应交税金的计算与申报。笔者将税务会计计量属性归纳为——以历史成本为主，以重置成本、现行市价为补充，在特定情况下允许采用公允价值。

1. 历史成本（实际成本）

“历史成本，是指企业取得该项资产时实际发生的支出。”[③] 历史成本是在特定环境和时点下，企业为取得某项资产所实际发生的支出，其金额是既定的、固定的，具有确定性

① 完整意义上的会计计量包括计量单位和计量属性，这里仅指后者。

② 如基本准则、编报财务报表（报告）的框架、概念框架、原则公告等。

③ 《中华人民共和国企业所得税法实施条例》第五十六条第二款。

与可验证性。作为资产的计算基础，企业不得自行调整，否则会侵蚀税基。正如诺贝尔经济学奖获得者萨缪尔森所言：“会计人员之所以使用历史成本，是因为它反映的是客观的评价，并且容易证实。”

2. 重置成本（现行成本）

重置成本是指在当前市场状况下，用现时价格水平生产或购建与某项资产具有相同使用功能或效用的全新资产的支出。税法中的重置成本含义与会计准则基本相同，只是使用范围、内容有所不同。税法仅限于在特定情况下允许企业采用重置成本计量属性，如对旧房及建筑物评估价格计量、对盘盈资产的计量。在土地增值税中规定，旧房及建筑物的评估价格是“由政府批准设立的房地产评估机构评定的重置成本乘以成新度折扣率后的价格”。其中“重置成本”的具体运用是：对旧房及建筑物，按转让时的建材价格及人工费用计算，建造同样面积、同样层次、同样结构、同样建设标准的新房及建筑物所花费的成本费用。

3. 现行市价

现行市价是根据目前公开市场上与被评估资产相似的或可比的参照物的价格来确定被评估资产的价格。按税法规定，对企业视同销售行为以及纳税人销售货物、提供应税劳务、应税服务的价格明显偏低、又无正当理由时，其计税基础的确认应按现行市价。在具体操作时，必须按税法规定的方法和顺序依次采用（而非自行选择）：（1）按纳税人当月同类货物的平均销售价格确定；（2）按纳税人近期同类货物的平均销售价格确定；（3）按组成计税价格确定，其计算公式是：组成计税价格 = 成本 ×（1 + 成本利润率），“成本”以企业历史成本计量，“成本利润率”则由国家统一规定。

4. 公允价值

“公允价值，是指按照市场价格确定的价值。”[①] 以市场价格作为公允价值的确定标准，具有客观性和公平性。对市场价格，可以理解为熟悉情况的双方在公平交易的条件下所达成的价格。当企业以非货币形式从各种来源取得收入时，其金额的确定应当采用该计量属性，它既适用于关联方，也适用于非关联方。由此可见，税法中界定的公允价值，基本上相当于会计准则中公允价值的“市场法”，它是基于相同或可比资产的市场交易而产生的价格。市场法主要指市场的价格信息，即在市场真实交易中可观察到的相同、相似或可比的资产的价格。如果在活跃市场上能够观察到这类信息，应尽可能用它来进行估计。市场价格被认为是公允价值的最好反映，因为在公开市场上的价格通常是公允和可接受的，相对而言也是容易得到的。这种方法是站在销售人（卖方）的立场上，利用已被市场检验的实际交易价格来判断和估计计量对象的市场价格，因此，被认为是公允价值最为直接和最具说服力的获取方法。

财务会计计量属性与税务会计计量属性关系如图 3－2 所示。

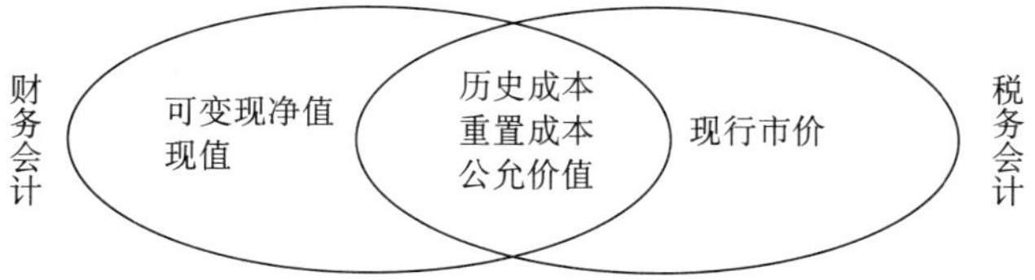

图 3－2　财务会计与税务会计计量属性

① 《中华人民共和国企业所得税法实施条例》第十三条第二款。2014 年财政部修订的《企业会计准则——基本准则》，将公允价值计量定义为：资产和负债按照市场参与者在计量日发生的有序交易中，出售资产所能收到或者转移负债所需支付的价格计量。显见，两者有明显差异。

每个税种应交金额的具体计算方法，体现的就是税务会计的不同计量属性。与会计准则不同，税款的各种计算方法一般都在税收法规中明确规定，即在什么情况下用哪种计量方法，税收法规中都有具体规定，企业一般没有选择余地。因此，企业应正确理解、准确使用，否则，主管税务机关有权重新调整。即使是名称相同的计量属性，两者在适用范围、采用程度和采用目的等方面都有诸多差异。

（三）税务会计记录

税务会计记录是税务会计报表的基础和前提。由于各国的财务会计与税务会计关系模式不同，两者的会计记录可能是一套账簿体系，也可能是两套账簿体系。但不论哪种情况，在涉及企业税金负债（发生、清偿等）时，必须以税法规定为准，即必须符合税法的要求，真实、完整、及时地进行税务会计记录，并按税法规定，妥善保存有关凭证（发票）、账簿。在会计处理程序中，税务会计记录具有法定性。

会计记录有规则、有方法，需要用心去学，需要经验积累，但更需要职业操守和高度责任心。即使会计确认计量正确，如果在会计记录环节将记账方向搞错、将会计科目误用，会计报表就失去了基础，也就难言会计质量。会计记录反映了财务会计与税务会计你中有我、我中有你，但“你”“我”又是能够区分的。

每一项会计计量均需经过会计确认，而每一笔会计记录又是会计计量的反映（结果）。如果会计确认计量不正确，会计记录不可能正确；但会计确认计量正确，并不意味着会计记录自然也会正确。如果说高质量的会计记录不一定（必然）产生高质量的会计报表（报告），但高质量的会计报表（报告）必须依赖于高质量的会计记录。因此，在重视会计报表（报告）的同时，更应重视会计记录，税务会计尤其如此。

税务会计记录（包括相关的财务会计记录）是税务机关进行税务稽查的重要依据，必须首先符合税法的要求，其次才是会计准则的要求。对税务稽查来说，纳税人的“不正常”会计记录往往是其稽查的切入点，税务稽查人员很可能从中找到企业隐藏的违法违规“证据”或“线索”。会计人员切勿将会计记录仅仅视为“会计处理技巧”、“会计艺术”，它是判定企业是否合法、合规的有力证明。

税务会计记录主要应该反映纳税人税金负债的发生、清偿和余额上，即应该设置“应交税金”总账账户，并按税种设置明细账户。但财政部 2006 年颁布的《企业会计准则——应用指南》“附件”却是“应交税费”账户，即企业缴纳的近二十种税和几百种费都通过一个总账账户核算。对企业来说，尽管税费都是成本费用，但税与费的性质和作用根本不同。税费合在一个账户处理，只会降低会计信息质量，可能会将税费负担等同于税收负担，无端增加纳税人的税收痛感。将“应交税金”与“应交费用（或应交收费）”分别设账、分开核算，虽举手之劳，却可以提供明明白白的信息，为什么不呢？

2017 年 3 月 12 日，全国人大代表、格力电器董事长董明珠接受新京报记者专访时说，“中国的费高而不是税高。当税和费搅在一起的时候，引起了误解。……很多费是不公平的，有时候甚至是莫名其妙的。我听很多财务人员抱怨，费用太多了，太复杂了，各种不同的费，是不合理的。”税和费搅在一起所造成的误解，我们会计是否也有点“责任”呢？如果“应交税金”与“应交费用（或应交收费）”分别记录，就可以直接反映国务院提出的大幅取消收费项目（尤其是不合理收费项目）、努力降低企业负担的具体成效，企业就不会感到税负沉重了。

税务会计记录是企业税负分析不可缺少的数据，因为不论在财务报表中，还是在税务报表中，都很难找到企业在某个纳税期，尤其是年度分税种或整体（合计）的应缴税款总额，必须借助于“应交税费”、“管理费用”等有关明细账记录的贷方或借方发生额合计数。

会计记录质量（真实性、完整性）还与税款的缴纳方式密切相关，如果企业会计记录符合税务机关的征税要求，就可以采用查账征收方式；否则，就要采用核定征收方式。而不同的税款征收方式，关乎企业能否享受有关税收优惠政策，也就意味着税收负担的不同。

会计记录反映的既是会计主体的历史，又是会计主体的现实，还可以展示会计主体的未来。绵绵千年会计史，凭借的就是会计记录。会计记录是会计人留下的足迹，会计记录是会计人难忘的历程，会计记录凝聚的是会计人对会计的浓浓情结！会计记录是会计人对美的追求，“美是期间更迭，美是借贷无暇”。[①]

（四）税务会计报表

这里称税务会计报表，而未称税务会计报告，不仅仅是为了避免出现类似于财务会计“报表与报告”的困境，更主要是根据我国税法规定，企业应及时、正确填报的是分税种的税务会计报表——纳税申报表（包括主表和附表），而非内容比较宽泛的“报告”。虽然企业在报送纳税申报表的同时，应按规定报送“附报资料”，但“附报资料”本身并非纳税申报表的组成部分。

税务会计报表属于法定报表，企业必须按税收法规要求正确填制、及时报送，并承担相应的法律责任。因此，税务会计报表

① 张连起：《起而论道》，中国财政经济出版社 2013 年版，第 238 页。

的核心是是否合法的问题，而不是“决策有用”的问题；又因为其外部使用者具有法定唯一性，其服务对象没有“主次”之分，也没有“现实与潜在”之别。税务会计报表必须经过主管税务机关审核批准后，方能生效，这一点也与财务会计报表（报告）不同。

美国安然公司等的财务（会计）丑闻与新世纪同步而至。在此起彼伏的美国公司财务丑闻中，集中暴露了不少公司既虚报收入又逃避纳税的现象，这让美国财政部和国内收入局大为恼火。于是，美国财政部推出了一种新的纳税申报表格式，这种表格设计的出发点是为了更好地揭示公司财务报告与纳税申报表之间的“差异”。按新申报表格的要求，公司必须在纳税申报时披露公司更多的财务信息，这将有助于堵住公司逃税黑洞。但新申报表格只适用于资产达到1000万美元以上的公司，并从2004年度的纳税申报开始采用。

IRS要求美国公司披露其税收管辖区的重要运营细节，管理层可能会权衡是否要完全披露子公司细节，披露的内容是否会引起税务机关的检查。因此，管理层可能消极对待有关激进税务行为的披露。事实上，管理者很难向投资人披露具体的税务筹划细节，以减少信息的不确定性，而透明度的降低则是激进的税务筹划成本。税法与会计准则的差异可能导致企业在实施激进税务行为的同时，也在进行向上的盈余管理。税务激进行为在获得税收利益的同时，增加了公司财务和组织的复杂性，财务的复杂性可能引发公司套利行为，影响财务报告的透明度，致使不能充分与财务报告使用者沟通。

英国紧随其后，在2004年颁布并实施了增值税避税方案披露规则[①]。该规则通过赋予纳税人以报告义务的方法来解决反避税工作中信息不对称的难题。在该规则中，对避税方案进行了类型化，包括售后回租协议、延长许可期限、通过对非营利性团体或不合格团体进行教育或培训、跨境账面价值凭证等11类避税方案需要披露。但据媒体披露，“规则”的实际执行效果甚微。

美英政府推出的上述举措意图明确，站在政府的角度可以理解；但只要承认企业是经济人，其预设目标就不可能实现，起码不可能完全实现。犹如财务会计，假定会计准则要求企业在财务报告中还要披露其盈余管理动因、方法及其结果，肯定不会达到预期目标。纳税申报表是法定报表，税务会计主体必须忠实履行其法定义务，但执法部门的“额外”要求，就难以称为法定义务。

税务会计是否有必要从报表拓展为报告，或者说，税务会计应该是报表系统还是报告系统，这既是实务问题，又是值得研究的理论问题。

（五）加强对纳税人会计的指导和服务

近年来，我国的税制建设，尤其是营业税改征增值税，取得了举世瞩目的成绩。现实是，层出不穷的法规制度，都是针对税收本身所做的规定，这当然非常必要，但在现行税收法规中，缺失对纳税人会计（税务会计）的具体规定或举措。可能有人认为，财政部制定颁布的《企业会计准则》和相关会计处理办法，不都是会计规范吗？如前所述，《企业会计准则》、会计制度属于财务会计范畴，是为财务报告目的而做出的规范，不是对纳税

① These Regulations may be cited as the Value Added Tax (Disclosure of Avoidance Schemes) Regul ations 2004 and come into force on 1 st August 2004. In these Regulations "Schedule 11A" means Schedule 11A to the Value Added Tax Act 1994.

人纳税申报的会计规范，为降低纳税人，尤其是中小企业纳税人的税务风险和税收遵从成本，国家税务总局应制定纳税人会计的相关规范，对纳税人，尤其是中小企业纳税人会计提出要求或提供指导和服务。在这方面，国外一些国家的做法值得我们借鉴。

根据荷兰皇家税务与海关总署的调查，小企业不建账或者账目不健全的情况比较普遍。为了改变这种状况，近年来该国大力推广网上记账项目，极大地方便了小企业特别是新办小企业。随着云计算技术的兴起，荷兰税务部门计划与中介机构、银行以及相关政府部门合作，利用云计算技术指导、督促小企业健全账目，规范税务会计处理，降低税收风险。

从 2007 年开始，智利允许符合条件的中小企业可用简化会计核算方法处理涉税业务，包括简化账簿设置，简化资产计算折旧、摊销方法，简化存货成本的计价方法，以及简化计算预缴税款的方法等。智利税务部门为符合条件的中小企业专门开设了提高会计核算水平的门户网站，办税人员可以利用在线的简化会计核算工具软件，设置本企业的收入、成本费用账簿，计算应纳税款，生成增值税月纳税申报表、企业所得税年度申报表以及税法规定的其他申报表。

十、涉税信息与纳税信息、纳税会计信息与涉税会计信息

（一）涉税信息与纳税信息

1. 涉税信息

顾名思义，涉税信息是涉及税收的相关信息，既包括可以计

量的信息，又包括不可计量的信息。为了推进税务部门信息公开，促进税法遵从，便利和服务纳税人，国家税务总局发布了《涉税信息查询管理办法》（2016 年第 41 号公告）（以下简称《办法》）。《办法》明确涉税信息主要包括根据纳税人信息汇总的行业性、区域性等综合涉税信息、税收核算分析数据、纳税信用等级以及定期定额户的定额等信息。各级税务机关应指定专门部门负责纳税人涉税非保密信息的对外披露、纳税人涉税保密信息查询的受理和纳税人涉税保密信息的对外提供工作。制定严格的信息披露、提供和查询程序，涉税信息查询结果不得作为涉税证明使用。在该《办法》中，将涉税保密信息界定为“涉及纳税人商业秘密和个人隐私的信息”，实际上是将涉税保密信息等同于“商业秘密”和“个人隐私”，而未对涉税保密信息独立定义[①]。

根据《办法》，公众可以查询的信息包括由税务机关专属掌握的可对外提供查询的信息、有助于纳税人履行纳税义务的税收信息。公众可以对公开涉税信息进行查询，纳税人也可对自身涉税信息进行查询。

2. 纳税信息

纳税信息是纳税人纳税的信息，一般仅指纳税申报信息（金额）和税款缴纳信息（金额）。由此可见，涉税信息与纳税信息是两个不同的概念，前者内容宽泛，一般不是通过会计提供的信息（即不是由会计处理直接生成的信息），依照有关规定，公众可以查询能够公开的涉税信息；纳税信息则是特别限定的信息，而且是通过税务会计处理程序直接生成的信息，世界各国都将纳税信息作为非公开的、保密的信息。

---

① 其实，商业秘密和个人隐私也不是等同的概念，两者的含义也明显有别。

商业秘密是不为公众知悉的、能够为权利人带来经济利益的技术信息和经营信息。在美国的《信息自由法》中，将商业秘密界定为“贸易秘密和从个人获得的、具有特权性或机密性的商业或金融信息”。商业秘密是企业的财产权利，具有非公开性和非排他性，关乎企业的竞争力，甚至影响企业的生存和发展。

纳税信息与商业秘密虽然都具有保密性，但两者含义明显不同。如何界定纳税信息的概念和范围，如何为纳税人的信息安全提供完整、充分的保护，纳税信息独立的法律地位，需要建立健全纳税信息保密制度。纳税信息是特殊的信息类别，纳税信息保密制度属于特别法，政府信息公开制度为一般法，特别法优先于一般法，纳税信息应当作为政府信息公开中的单独的豁免条款而优先适用。

（二）纳税会计信息与涉税会计信息

1. 纳税会计信息

税务会计按照税法规定向主管税务机关定期提供的纳税申报表、税收缴款书等均属纳税会计信息（简称纳税信息）。纳税会计信息受相关法规保护，不得泄露。近年来，某些西方发达国家要求企业除提供的纳税申报表外，还要披露相关纳税信息。如英国在 2007 年实施“促进离岸中心披露”方案后，于 2009 年 9 月再次实施“新自愿披露机会”方案，鼓励境外纳税人申报其来自离岸中心投资的收益。方案诱发的自愿披露达 5500 人次，并因此带来 8200 万英镑的税收收入。美国国内收入局也修订发布了“自愿披露政策”，要求未正确申报离岸中心账户收入的纳税人自愿遵从，14700 多个纳税人参与了该方案。在德国，由于近年来实施自愿披露方案，有 2 万多原本未遵从的纳税人选择了遵从税法，并因此使德国税收增加 40 亿欧元。要求披露与自愿披露、充分披露与选择披露，双方各有考量，需要制定专门的法规制度。

2. 涉税会计信息

涉税会计信息是通过财务会计处理程序生成的信息，是财务会计信息的组成部分，即属于财务会计信息范畴，是可以公开的会计信息。涉税会计信息与涉税信息虽然都具公开性，但涉税信息一般不是通过会计生成的信息，也不限于可计量信息。涉税会计信息是通过财务报告列报和披露的信息，而涉税信息是按《办法》可以查询的信息。如前所述，纳税会计信息是由税务会计专门提供的信息，是非公开的信息。涉税会计信息与纳税会计信息内容不同、目标不同。

认为在财务会计报告中列报和披露了涉税会计信息，就涵盖了纳税会计信息，就可以取代税务会计。这是缺乏对税务会计的基本认知，也是财务会计理论缺失的表现。如果能够将涉税信息、涉税会计信息与纳税（会计）信息进行区隔，财务会计也就不会去做试图取代税务会计的无用功。我们不妨浏览一下现行财务会计中的涉税信息：

在资产负债观下，财务报表内确认计量的涉税会计信息主要体现在有关资产、负债项目（如递延所得税资产、递延所得税负债等）及其对所有者权益的影响上，而其税金负债——应交税费（税金），却没有什么信息含量，因为它不过是企业财务报告期末的“未交金额”；即使作为损益类的“税金及附加”、“所得税费用”，也并非是报告期的全部税金（含附加）费用，因为有的税金（含附加）可能直接计入相关成本费用账户。

在增值税的财务会计处理中，“应交税费”下的增值税若干明细科目，期末却有可能出现借方余额。对此，在资产负债表中，只好预计其时间是否超过一年，然后分别将其列入“其他流动资产"、"其他非流动资产"等资产类项目。负债"变成了"资产，这是符合资产要素定义的"真资产"吗？在利润表中，当初缴纳营业税时，营业税对利润的形成过程及结果，可以完整反映。改缴增值税后，在利润表中，增值税销声匿迹了，对企业利润及其形成"没有任何影响"了。因为企业是"代政府征收税款，代消费者缴纳"，是最终消费者承担了税负，企业不过是"代收代缴人"。事实果真如此吗？企业就没有一点贡献吗？不服不行，因为你的会计记录、你的财务报表就是这样反映的。资产与收入——含税与不含税是否都符合会计要素定义？这样的涉税会计信息对决策相关性是正影响还是负影响？

财务会计应该认真考虑，提供哪些涉税会计信息、提供怎样生成的涉税会计信息，才能提高包括涉税会计信息在内的整体财务会计信息质量，即应该如何努力做好自己。

参考文献

1. 汉弗莱·H. 纳什，宋小明译：《未来会计》，中国财政经济出版社 2001 年版。

2. 迈伦·斯科尔斯等著，张雁翎主译：《税收与企业战略筹划方法》，中国财政经济出版社 2004 年版。

3. 盖地等："试论税务会计理论结构"，载于《上市公司会计与财务的最新发展（论文集）》，中国人民大学出版社 2004 年版。

4. 盖地：《税务会计研究》，中国金融出版社 2005 年版。

5. 盖地、钱桂萍："试论税务筹划的非税成本及其规避"，《当代财经》，2005 年第 12 期。

6. 葛家澍：《财务会计理论研究》，厦门大学出版社 2006

年版。

7. 盖地：“税务会计原则、财务会计原则的比较与思考”，《会计研究》，2006 年第 2 期。

8. 盖地：“构建我国税务会计范式与模式探讨”，《现代财经》，2006 年第 2 期。

9. 陈少英、谢徽：“避税行为非法性质疑”，《现代财经》，2006 年第 10 期。

10. 盖地、崔志娟：“显性税收、隐性税收与税收资本化”，《经济与管理研究》，2008 年第 3 期。

11. 盖地：“增值税会计：税法导向、还是财税分离”，《会计研究》，2008 年第 6 期。

12. 朱青：“避税的性质、危害与对策”，《国际税收》，2009 年第 1 期。

13. 盖地、孙雪娇：“税务会计计量属性及其与财务会计计量属性的比较”，《会计研究》，2009 年第 4 期。

14. 伯纳德·萨拉尼著，陈新平等译：《税收经济学》，中国人民大学出版社 2009 年版。

15. 萨莉·M. 琼斯等著，梁云凤译：《税收筹划原理》，中国人民大学出版社 2009 年版。

16. 萨莉·M. 琼斯等著，梁云凤译：《高级税收战略》，人民邮电出版社 2010 年版。

17. 盖地：《税务会计理论》，大连出版社 2011 年版。

18. 丹尼尔·沙维尔著，许多奇译：《解密美国公司税法》，北京大学出版社 2011 年版。

19. 董盈厚：《财务会计与税务会计分离理论扩展研究》，经济科学出版社 2011 年版。

20. 简·R. 威廉姆斯等著，杜美杰译：《会计学：决策的基础（财务会计分册）》（原书第 14 版），机械工业出版社 2012 年版。

21. 埃里希·科齐勒：《税收行为的经济心理学》，中国财政经济出版社 2012 年版。

22. 盖地等著：《税务筹划理论研究》，中国人民大学出版社 2013 年版。

23. 盖地、梁虎："转型后的增值税费用化会计处理探讨"，《经济与管理研究》，2011 年第 2 期。

24. 盖地、胡国强："税收规避与财务报告成本的权衡研究——来自中国 2008 年所得税改革的证据"，《会计研究》，2012 年第 3 期。

25. 盖地、李彩霞："税收成本、非税成本与企业组织形式选择——基于经济模型的研究框架"，《当代财经》，2012 年第 4 期。

26. 盖地："税务筹划：目标、原则和原理"，《北京工商大学学报》，2012 年第 5 期。

27. 朱晓坡："税收法律既定条件下的纳税人纳税利益选择"，《税务研究》，2014 年第 6 期。

28. 查尔斯·亚当斯著，翟继光译：《善与恶——税收在文明进程中的影响》（原书第二版），中国政法大学出版社 2014 年版。

29. 王宗涛："我国一般反避税条款：法律性质及其立法建构"，《税务研究》，2014 年第 8 期。

30. 盖地："税务会计概念框架构想"，《会计研究》，2014 年第 10 期。

31. 盖地：《税务会计理论研究》，清华大学出版社 2015 年版。

第二部分

人文情怀篇

一、桃李不言 下自成蹊[1]

——记全国会计先进工作者盖地教授

作为“文革”前最后一届入学的大学生和“文革”中最后一届毕业的留校生，盖地教授深知自己的不足，除积极参加学校举办的青年教师培训班外，就是如饥似渴地自学专业知识；作为农家子弟，盖地教授深知自己的今天来之不易，倍感珍惜——珍惜时间、珍惜生活；作为从家门到校门、进了校门又出不了校门的书生，盖地教授深知自己的经历和阅历单一，虽在努力弥补，但仍是读书人的理想、教书人的心态。

一、修身种德，纯心做人

1969 年 7 月，盖地教授毕业于原河北财经学院（现天津财经大学）财政金融系财政金融专业（会计专业也在该系），留校任教至今。刚留校时，系领导说前几届都“学工、学农、学军”去了，就你们这一届留下几个做教师，领导对你们寄予很大希望，然后征求大家的意见，确定任课方向（那时，尚无科研要求）。盖地教授直言：“我不善言辞，我愿意教会计，因为会计比较‘实’。”

“实”——实在、实际、诚实、真实。从当老师的那一天起，他就牢记“实”字，将会计的“实”与做人的“实”融为

① 全国先进会计工作者评选表彰办公室编：《全国先进会计工作者——纪念中国会计改革开放 30 年》，中国财政经济出版社 2009 年版，第 372 ~ 378 页（有删减）。

一体，老老实实做人，实实在在做事。

他深知，学生固然希望从老师那里获得知识和技能，但对其影响最大、最持久的可能是老师的品质和人格，犹如父母对子女的影响。修身种德，纯心做人，身教胜于言教；要从自己做起，从每一点做起，从每一天做起。

在任教期间，他也曾先后任过十多年的财政会计系副主任、会计学系副主任、系主任。90年代末，新一届校领导上任，要调整工作安排，校领导找其谈话，打算调其到图书馆任馆长，并称“图书馆需要一位有学术地位的教授任馆长”云云，但他热爱自己的会计教学、更看重自己的教师身份，不为所动，毅然婉拒，要还自己的“纯”教师角色。在他看来，自己本来就是一位老师，当系主任不过是人生的一段短暂经历，“仕途”并非所爱、更非所长。当主任时没有人称其“主任”，现在不担任了，很正常，很自然，更感自由和轻松。

自2000年作为博士生指导教师后，盖地教授编辑印制了《读书与做人》小册子，发给其指导的每一届新入学的硕士生、博士生，作为入学教育的第一课，使学生树立正确的人生观、价值观和道德观。他在“感言与初衷”中写道：“读书、做学问，如果不与做人同步同向，那学问还有何用？为人比为学更重要。‘对于人来说，最高贵的事情就是做人。’（梅林）我们应遵循诚实、谦虚、勤奋、仁厚、宽容的做人准则，且持之以恒。以哲人的头脑思考，以平民的心态生活。”在“结语”中写道：“我的父母无缘读书，是他们那个时代绝大多数工农大众的无奈和悲哀，虽不识字，但他们有对生活的热爱、有做人的准则和对人生的感悟。父母给予我们的是永远无以回报的博大的爱，我们要永远以一颗感恩之心不忘父母的养育之恩和教育之恩；也不忘从小学到大学所有教过我的老师，还有同学和朋友。”

二、默默耕耘，教书育人

时光飞逝，盖地教授在他热爱的教育岗位上默默耕耘，转眼已近50年。他深知，要给学生一碗水，自己应该准备一桶水。因此，认真备好每一次课，认真讲好每一节课，他认为是习惯、更是责任。对学生满腔热情，对学生严格要求。他说："不敢严格要求学生的老师，实际上是不能严格要求自己的老师。"他先后给本科生讲过工业会计、基建会计、成本会计、财务会计、税务会计、税务筹划；给研究生讲过税务会计研究、财务会计研究和会计专题；给博士生讲过税务会计与税务筹划研究、高级财务会计研究。

认真指导每一篇本科生、硕士生和博士生学位论文，认真指导博士后研究报告；从论文选题到论文答辩，严把每一个环节。其中多篇毕业论文获得校级优秀学位论文，一篇硕士学位论文2007年获杨纪琬优秀论文奖励基金。在盖地教授指导的学位论文中，有的并非他的研究生，甚至并非本校的研究生，但只要找到他，他都尽心尽力。他认为，这是老师应尽的义务。

他先后编著、主编了几十部专著和教材（见附录），有关税务会计、税务筹划的本科生、研究生教材，在国内广为采用，如立信会计出版社出版的《税务会计》、东北财经大学出版社出版的《税务会计与纳税筹划》、中国人民大学出版社出版的《税务会计与税务筹划》《税务会计学》等都已先后多次再版。

在青年导师辅导计划中，他先后对多名青年教师进行了培养和指导。每学期有选择地听青年教师的课，并反馈意见，指导青年教师逐步提高教学质量。作为天津市教委教育教学质量专家督导委员，他认真履行了其职责。

2006年他被评为天津市教卫系统优秀共产党员，2007年被市教委、市人事局评为市优秀教师，2009 年被评为天津市师德先进个人。

三、认定目标，坚持不懈

党的十一届三中全会开创了我国改革开放的新篇章。1983 年、1984 年，我国连续两年进行“利改税”（即第一步、第二步“利改税”），企业涉税的交易事项陡然增多。当时，盖地教授讲授的课程是“工业会计”，他感到，由财政系老师讲授的“国家税收”满足不了会计专业的需要（角度不同、目标不同），而现行“工业会计”“商业会计”等会计课程（教材）又不可能将涉税的交易事项全部融入，即使融入，也会打乱现行专业会计的科学体系。有什么办法解决这个问题呢？他到当时学校图书馆的“内部资料室”查阅境外资料，才第一次知晓“税务会计”，开始思考企业会计如何应对会计制度与税法差异的“良策”。会计专业要培养理论联系实际的专业人才，专业会计既不能违背会计制度，又不能违背现行税法，会计只有适应不断变化的会计环境才能基业长青。因此，会计专业课程设置必须要改革、要变化。盖地教授主持修订了天津财经学院会计系会计专业的教学计划，并从 1985 级会计专业本科生开始，在国内首开“税务会计课”；从 1991 级研究生开始，在国内首开“税务会计研究课”；从 2000 级博士生开始，在国内首开“税务会计及税务筹划研究课”。

从 20 世纪 80 年代中期起，盖地教授逐步明确了自己的主要研究方向——税务会计与税务筹划理论与实务；而在当时，不少人还将税务会计混同于税收会计。目标一旦认定，不论有多大争议和非难，就要坚持不懈走下去。他认为，在对待财务会计与税务会计关系上出现的“统”与“分”，实质上是计划经济的财政观与市场经济的财务观的体现。既然改革开放的大方向不可逆转，社会主义市场经济就会不断完善，企业会计准则（制度）与税法的差异不可避免，即使可以进行某些协调，但也是此增彼减，总体差异并未减少。财务会计固然重要，但不能仅是财务会计，而是财务会计、税务会计和管理会计三位一体的企业会计体系。

二、税务会计教材的引航者[①]

——访天津财经大学盖地教授

本报记者：孙梦姝

他将专业知识当成兴趣，几十年如一日地坚持追踪、学习；他将教学当成了一生的最爱，至今仍在诲人不倦；他将智慧与经验汇聚在他所编写的教材之中，如今还在笔耕不辍。他常说："身教胜于言教，作为老师不仅要传道授业解惑，还要时时刻刻以身作则，做学生的表率。"

教材是教学之本

用盖地教授自己的话说："编写教材的初衷主要就是为了更好地服务于教学，为教学所需，为教学所用，归根结底是为了培养合格的专业人才。""在20世纪80年代初，我国的会计改革体现在分行业、分所有制的会计制度上；1983年、1984年的第一步、第二步'利改税'对当时的会计教学是一个明显的'冲击'。那时，会计专业的课程设置还是按照行业来设置的，例如工业会计、商业会计、交通运输会计等。这些分行业的会计教

① 本文刊于《新华书目报》，2011年4月21日，C02。

材，当时并不涉及税收问题。我当时主要讲授工业会计，面对税制改革，我们的会计教学不能‘无动于衷’，因为计税、报税及其相应的会计处理也是会计人员的必备知识，但那时的会计教材并不能满足这些要求。《国家税收（中国税制）》是从政府的角度讲授税收，这与我们会计专业的培养目标不大协调，会计专业的课程设置应该有所调整，相应的教材也需要编写或更新。在这种背景下，我们从1985级本科生开始，以“税务会计”课程取代了“国家税收”课程，并且编写了内部试用的《税务会计》教材。在“税务会计”课中，站在纳税人的角度，既讲现行税制，又讲其会计处理，两者密切结合，这就比较符合我们的培养目标。”

改革开放以来，会计专业教材改革在逐步深化、在不断完善，方向也越来越明确。在社会主义市场经济的条件下，财务会计必须按照会计准则、会计制度的规范标准提供符合质量要求的财务报告，但“仅仅做到这些还是不够的。”盖地教授说，“作为一名合格的会计人员，还要会正确地填写纳税申报表，这也是会计的本职工作。会计不仅要会填报财务报表，还要能够填报纳税申报表——税务会计报表。因此，我们的课程设置既要有财务会计教程，还要有税务会计教程等其他会计教程。财务会计中的涉税事项处理是服务于财务报告目标的，而税务会计是服务于税务会计申报目标的，两者虽然有密切联系，但也不能互相取代，而且也不应互相混淆。”

在我国会计实务中，1993年“两则、两制”以前都是单一的（行业）企业会计，从1994年工商税改革开始，才有了真正意义上的财务会计。但是财务会计并不完全符合纳税要求，于是才需要税务会计。“会计专业的课程设置、教材编写，实际上是与我国的改革开放同步进行的。在改革开放的大环境下，我们的教学要适应改革开放的需要，课程设置、教材编写就是具体体现。我们都说剧本是一剧之本，其实教学也是如此，教材是基础，也是‘一剧之本’。教学和教材编写是互相促进的过程，教学推动教材不断改进、逐步完善；而有了高质量的教材，才能更好地服务于教学、培养高质量的专业人才。”

身教胜于言教

作为一名大学老师，服务学生是盖地教授的基本理念。他说：“要想让学生学会做人，学会思考，老师就应该先要为人师表，先要学习、思考和积累，不断更新知识，追踪前沿信息。还有，就是教书育人这个老生常谈又亘古不变的话题——在教书中育人，又在育人中教书。老师对于学生，就像父母对于孩子。我的教育理念是随风潜入夜，润物细无声。”

“编写教材和做人的道理是一样的，要认真求实、不能粗糙马虎，要秉承对读者负责、对学生负责、对社会负责的态度，这实际上也是对自己负责。教材的生命力在于不断地更新，和为人的道理是一样的，做人要不断地进步。随着有关法规的变化和认识的提高，哪怕教材中有一点错，都要不厌其烦地修改，没有绝对的完善，只有绝对的变化。”盖教授语重心长地讲道。

一部好的教材是集体劳动的结晶，也是多次修改加工的结果。即使是一个人编写的教材，那其中也凝结了许多人的智慧和心血，还有更多人的支持和鼓励。盖教授说：“首先是读者，读者的意见和建议是教材不断进步的阶梯，例如学生在使用中发现的问题或是出版社的反馈意见，对于教材的改进都是弥足珍贵的。其次，就是那些幕后英雄——教材的编辑，没有他（她）们的默默奉献，教材是不可能面世的，也是不可能不断更新的。因此，我由衷地感谢广大读者、感谢编者、感谢出版社。”

坚持与执着

每本教材都应该有自己的特色，有自己的独到之处。讲到会计教材的现状，盖教授说：“由于我们的教材是专业教材，不可能有生动的情节和吸引人的故事，主要是靠其质量——理论性、条理性、实用性。因为会计专业是微观学科，要求的技术性很强，突出实务操作，应让学生在走上社会后，尽可能缩短其适应期。”谈到近年越来越多地从国外引进的原版书，他说：“我觉得中外会计教材是可以互相借鉴的，所谓尺有所短，寸有所长。尤其像财务会计，包括我们国家制定的会计准则好多都是借鉴了美国和国际（IASB）的会计准则，应该说对我们的教材建设都有很好的借鉴意义。国外的教材比较注重实务操作，各章都有很多的栏目，如补充阅读材料、案例分析、各类习题、参考文献等，部头比较厚、价格比较贵。对国外学生来说，大部头的教材、高价的教材，他们习以为常；但我国的学生从小就养成灌输式教育，到了大学甚至是研究生阶段，学生一般也主要是满足于聆听老师的讲授，自主学习、自主阅读的习惯难以养成。如果不是有考试的制约，学生上过课后，很少再会主动阅读教材。因此，我们的教材就要因地制宜，适应我国的国情，不能完全照搬西方教材的模式，部头不能太厚、装帧不必华丽、定价不能太高。定价过高，学生不能承受，就会‘逆向选择’——复印教材，甚至不用教材。这与纳税人对税收的态度是同样的道理，如果税负过重，就会诱发纳税人逃税、避税。教材的栏目不必设置太多，章节之后也不宜设置过多的习题，有些出版社要求添加一些小思考、小案例、相关链接等，还有各种‘异型版本’，其实都是在学习他人的皮毛，那些东西看起来好像挺花哨的，实则华而不实，致使出版成本提高，教材价格也“水涨船高”。出版社应该从实际出发，能够满足基本需求就行，尽可能减轻读者的负担。当然，我们作者在撰写时，也要控制好篇幅，做到言简意赅。”

在刚刚过去的寒假中，他终于完成了《税务会计理论》一书的撰写。这是盖教授近 30 年来从事税务会计教学和科研的思考和感悟，此书在他心中已经构思和酝酿了多年，初稿也断断续续写了两年，写了改，改了删，自己与自己也在“碰撞”。当记者问盖教授是否在考虑写新书，他说：“不想再写新书了，只希望将我已经出版的书进行修改，使其内容不断更新、架构逐步合理、体系日渐完善。”会计专业是应用性较强的学科，培养的应是复合型人才，理论和实际同等重要。无论是本科生、硕士生，甚至博士生，都要重视实务，重视实务操作，当然，随着学历层次的提高，理论的分量也应随之更重。

谈起对会计的兴趣，盖教授说，兴趣是慢慢养成的。当初选择会计，并不是出于对会计的深刻认识，只是觉得会计比较“实”，自己不善言表，“实”的东西可能更适合自己。从教 40 多年了，对专业的爱好就在不知不觉中渐渐形成。现在可以用四个字概括——坚持、执着。

难忘的片段

盖教授说，他要特别感谢他的老师管锦康教授。他回忆道：“在 20 世纪 90 年代初期，管老师向立信会计出版社的责编推荐我写的《税务会计》一书，管老师的岳父是中国现代会计之父——潘序伦先生。1974 年春季，我随管老师到上海访问，这是‘文革’后期‘工宣队’第一次允许老教师在青年教师‘陪同’下出门。管老师为了避免‘麻烦’，他没有让我跟他一块去见潘老，这是我最大的遗憾，与会计前辈、会计大师见面失之交臂。

立信会计出版社出于对管老师的信任，我独立撰写的《税务会计》得以顺利出版，至今已出至第 7 版[①]。这些都应该感谢恩师。”

对于盖教授来讲，另外一件难忘的事是在 2003 年春，即“非典”肆虐时，高等教育出版社的孙乃彬编辑给他打了一个电话，告诉了他一个消息，教育部刚刚公布了“十五”国家级规划教材目录，在规划教材“目录”中，列出了《税收筹划》，这是新中国成立以来，首次将《税收筹划》列入国家级规划教材目录中。“我和孙老师素昧平生，这使我深受感动。她希望我在第一时间去申报，我有些犹豫，因为当时我国高校的会计专业、财务管理专业都还没有开设这门课，这说明教育部的规划具有前瞻性，主管领导的思想比较超前，这也是改革开放的生动体现。因为只有在市场经济环境下，才可以开设税务筹划课程。纳税筹划就是纳税人与征税方的博弈，这在计划经济时期是不可想象的。我当时还问，如果我们写出书稿后，教育部未批准，你又不出版，我如何向参编的老师们交代呢。孙老师明确地告诉我，不管教育部批不批，写出来的书，我们出版社都会出版。在孙老师的大力支持、鼓励下，我撰写了申报书、构建了本书的写作框架，并组织了参编单位和人员。所幸该书不仅获得‘十五’国家级规划教材立项，后又成为‘十一五’国家级规划教材。感谢孙乃彬老师，感谢出版社。”

在多年的写作过程中，盖教授体会到作者和编者是鱼水关系。出版社希望出版在社会上站得住脚的书，作者也希望自己的书能够被读者所认可，但这要靠作者和编者的密切合作、共同努力，靠双方的责任心和事业心。“我永远不会忘记每一个帮助过

① 1993 年盖地主编的第一本《税务会计》教材在中国财政经济出版社出版。

我的人。在人生的路上，每一步都离不开他人的帮助。我会永怀感恩之心，保持进取之心。”盖地教授最后说。（采访日期：2011 年 4 月 3 日）

三、盖地先生印象[①]

张文中

又能见到盖地先生了，按说不再年轻的我不该如此激动，可是不知为什么，我竟一夜都没能睡好。

早在十几年前，我就知道李宝震先生、羡绪门先生、于玉林先生和盖地先生等。对盖地先生，当时我也仅仅是拜读过他的一些文章、著作，由于一直无缘结识，也就谈不上有什么了解，更谈不上有什么印象了。可是后来发生的一些事情，使我的生活逐步和盖地先生有了联系。也许其本人并不清楚，他究竟在我的工作和生活中起了多大的作用。

大约在 1991 年前后，我们长春税务学院会计系的老主任金亚亭教授参加了由国内众多著名会计学者、专家参加的全国性会计学术会议，在会议结束回到系里向全体教师传达会议成果时，谈到了与会的各位同行，尤其介绍了几位在会计学领域中有建树的专家。在说到盖地先生的时候，我注意到金老师讲述盖地先生艰苦的奋斗历程、卓越的学术成就、俭朴的生活方式，我尤其注意到了金老师所说的盖地先生有一头花白的头发。这使得盖地先

① 2001 年 10 月，盖地等人应吉林省教委之邀到长春参加评审。该文发表在《新文化报》2001 年 10 月 25 日 B2 版的“心灵故事”专栏。作者系盖地教授指导过的在职研究生，时任长春税务学院会计系教师。

生第一次在我心中有了较为具体的形象，也使我更加关注盖地先生。他的一些学术思想对我个人学术思想的形成可以说是产生了极大的影响。

第一次见到先生，是在天津财经学院会计系先生自己的办公室里。我去的时候，先生已经早早地等在那里。我一进门，先生就站起身迎了上来，我真切地看到了先生的样子，那是一位顶着一头花白但浓密头发的中年人，头发的样子和我心中所想的完全相同。使我惊讶的是，原来先生是那么年轻，完全不是我想象中的苍老的样子。是啊，先生当时好像还不满 50 岁，怎么会苍老呢？在先生握住我手的时候，我看见了先生注视着我的那一双明亮深邃但是充满关切的眼睛，在先生的目光里，我原来的紧张不知不觉地消失了。这是我第一次见到盖地先生。

在随后的日子里，我和盖地先生有了许多见面的机会。在我的硕士学位论文写作过程中，先生提出了许多具体的意见，使我的论文逐渐成型直至定稿。也许是接触多了的缘故，那段时间我已经感觉不到先生的花发，见到的只是先生亲切的身影，听到的只是先生和蔼的话语。

好像是在 1994 年的 2 月，也就是在我进行论文答辩的那天早晨，先生早早地来到我的住处，嘱咐我到时不要紧张，告诉我需要注意的问题。我知道，先生作为论文指导教师，按照规则，需要回避，因此不能参加我的论文答辩。听着先生的话语，我又一次感受到了现实那份真挚的关怀。就在那一刻，我又看到，不，应该说是感受到了先生的那一头花白的头发。

论文答辩顺利通过了，我也如愿获得了硕士学位。

自那一年别后，我再也没有机会去看望盖地先生。惭愧的是，在我的记忆深处，连先生的面容都已经模糊了，只有先生的那一头花白但浓密的头发，在我的记忆里越来越清晰。

四、师者·学者·长者

——记天津财经学院会计系盖地教授

赵颖①

盖地教授，原籍河北行唐，天津财经学院会计系名誉主任，会计学博士生导师；财政部会计准则委员会会计准则咨询专家，中国会计学会理事、学术委员，中国成本研究会理事，天津市会计学会常务理事，天津市无形资产研究会常务理事，兰州商学院、郑州航空工业管理学院、石家庄经济学院兼职（客座）教授，《现代会计》杂志副主编。

盖教授是会计界声望颇高的学者，在税务会计及税务筹划领域的研究独树一帜，并作了开创性的探索。盖教授爱书，他究竟有多少藏书，确切的数字恐怕连他自己也不清楚。他常说，他1969年毕业留校任教，师从我国著名会计、审计学家管锦康教授，在为管老担任助教的时候，经济并不宽裕，很多书他都买不起，要想查资料只好去图书馆和书店，有时在书店里一站就是半天。现在好了，坐在家里就能查到大部分自己所需的专业资料。盖教授每次搬家，总是将最宽敞明亮的房间留做书房，用来安置他的书籍。他还有一个喜好，就是每次出差都会购回当地有特色的小工艺品，装点于书柜之中，别有一番情趣。

在书的海洋里，盖教授不断汲取各种营养，潜心学术研究。在20世纪80年代初期，当国有企业还是“一统天下”的时候，

① 作者系盖地教授指导的1999届研究生，毕业留校任教多年，之后转入外资企业，现任阿里巴巴合伙人、蚂蚁金服副总裁，国泰产险董事长。

盖教授就开始了对我国各种非国有企业会计的探讨，他先后编著、主编了《城镇集体企业会计》、《乡镇企业会计》，并在《财务与会计》杂志上连续11期撰写有关个体工商户会计核算和管理的文章，在《集体工业经济》杂志上连续11期主持集体工业企业会计讲座。在1983年、1984年第一步、第二步“利改税”的背景下，盖教授又开始了对税务会计和纳税筹划的研究，1985年，率先在会计专业开设了“税务会计”课程（取代“国家税收”课程），该课的务实性深受学生的欢迎。

进入20世纪90年代后，随着我国企业会计制度和工商税制的改革，财政部、国家税务总局多次明确我国要走税收与会计适当分离的道路，越来越多的大专院校陆续开设了税务会计课程。盖教授在税务会计与税务筹划方面的科研成果也越来越多地体现在其教材之中：其中，他编著的《企业税务会计》（上海立信会计出版社，1996年10月）至2000年底，共印刷9次，累计发行35000册；《税务会计》（2001年1月第2版）出版后，至2002年8月已印刷6次，累计发行23000册；《税务会计与纳税筹划》（东北财经大学出版社，2001年1月）在不到两年的时间内已印刷3次，经过全面修改的第二版，也将于2003年年初出版。他在“再版前言”中这样写道：“变化是永恒的，让我们一起享受变化。”盖教授就是以这种精神紧跟会计学术的前沿，而从不去回头看自己的成果。

盖教授先后在《会计研究》、《财务与会计》、《中国财经报》、《中国税务报》等20余家报刊发表论文100余篇，编著、主编了《工业会计》、《财务会计学》、《中级财务会计》、《税务会计学》、《纳税申报与纳税筹划》、《增值税会计》、《税务会计》、《所得税会计》、《税务会计与纳税筹划》、《政府会计》、《事业单位会计》等著作。他的研究成果曾被国家税务总局、天津社会科学院和中国会计学会评为优秀教材及论文。他主持的财政部“十五”招标中标项目《税务与税收会计》已于2001年由中国财政经济出版社出版；他主持的教育部“十五”国家级规划教材《税务筹划》也即将由高等教育出版社出版。

盖教授非常注重社会实践，经常抽出时间深入企、事业单位，或利用为业务部门讲课、作报告的机会，调查搜集有关数据和案例，为他所编写的教材加入了大量生动翔实的案例及分析。

在1999～2000年，盖教授应邀到中国会计学会协助工作，但他说，这是他和研究生们一样去“实习”和“充电”。他积极鼓励或亲自安排他的学生去业务主管部门、企业或科研机构学习、实践。盖教授认为，在当今中国经济巨大变革的背景下研究微观经济实务，必须与经济体制改革的实践紧密结合，既要解决我国改革中所遇到的具体问题，又要广泛吸取发达国家的先进经验，使科研成果具有前瞻性，绝不能纸上谈兵。为此，他经常告诫他的弟子们：没有实际经验，写不出有价值的文章，提不高自己的学术水平。

您千万别把盖教授想像成古板的学者。盖教授是非常热爱生活的，他的花养得特别好。在他担任天津财经学院会计系主任期间，十几盆花草围成一圈摆放在办公室的中央，散发着勃勃生机，成为一道独特的风景：有兰花、绿萝、麦冬、米兰，还有他盆栽的西红柿，结出红彤彤的累累硕果；给花浇水，自然是盖教授每天早上来到办公室的第一项工作。在这样清新的环境里，盖教授在名誉系主任李宝震教授的指导下，带领会计系的师生们共同努力，使会计系先后被国家教委批准为会计学硕士学位授予点和会计学博士学位授予点，会计学被天津市教委批准为天津市重点学科；并为适应改革开放的需要，在国内较早地设置了国际会计专业和注册会计师专业方向；发起并主办了多次全国性的会计学术会议。

办公室里有花，盖教授家中阳台上更是郁郁葱葱。伏案工作劳顿之余，为花草梳枝理叶是最好的放松。每次到盖教授家，他会把你引到阳台上，让你与他共赏他栽培的品种。盖教授喜欢绿叶植物，如兰花、吊兰等，亦如他的为人：不张扬，不浮华，不空泛。做盖教授的学生，学到的不仅是如何做学问，更是如何做人。

盖教授从教30余年，长期担任本科生、硕士研究生和博士研究生的会计教学任务，先后讲授过“会计原理”、“工业会计”、“财务会计”、“税务会计”、“税务会计研究”、“高级财务会计研究”、“会计专题”等课程。学生们都知道，凡是盖教授讲授的课程，是容不得半点马虎的，盖教授那认真的教学态度足以使妄图偷懒取巧的学生不敢懈怠。

盖教授在给博士生上第一堂课时，将古人先贤关于如何修身养性的至理名言编纂成《读书与做人》的小资料，印发给每位学生。他在“序言”中写道：“吾虽已届知天命之年，但思想愚钝；在修身做人上，远未感悟其真谛。古人云：学高为师，德高为范。作指导教师，确是‘盛名之下，其实难副’。所幸古今中外的先贤、先圣们为我等留下了无尽的财富，唯有以其为师，从中汲取营养，不断充实自己，不断完善自己。普通人可以不做巨人，但是不能不拥有巨人。巨人就是那些先贤、先圣们。以哲人的头脑思考，以平民的心态生活。”在这一堂课上，盖教授教导学生甘于清苦，淡泊名利，认真待学。以“金钱、权势不如人，何耻之有？学德不如人，吾之大耻也”和“不因果报方修德，岂为功名始读书”与学生们共勉。

作为一个和蔼的长者，盖教授会和你兴致勃勃地探讨专业知识，也会和你共享他的书籍、花草和工艺饰品，会非常关心你的生活，也会帮助你设计美好的未来，还会和你开个恰如其分的玩笑，风趣幽默，让你忘了他的年龄。这就是我可亲可敬的导师——盖地教授。

（《财会月刊》2003 年 03 期）

五、与书为伴[①]

盖地

作为读书人。从上小学开始有书并读书，至今已达 60 年。60 年悠悠岁月，小学只限课本（没有条件购买或借阅课本之外的书）；读中学，除课本外，还可以借书，但无力买书；读大学时，教材大多是老师自己编写的学校油印本，但仍可借书，除 1966 年 4 月 1 日买过一本“集思”编著的、定价 0.17 元的《谈增减记账法》（中国财政经济出版社）外，再无力买过他书。任教后，可以有更多的书看了，而且，随着个人经济状况的逐步好转，可以买更多自己喜欢或教学必须读的书，甚至还可以有幸得到赠书，如厦门大学的葛家澍教授和常勋教授、中国人民大学的阎达五教授、中南财经大学的易庭源教授、西南财经大学的毛伯林教授等。会计界的前辈和大师，他们的赠书弥足珍贵，永远值得珍藏。近年来，还不断得到我的研究生们自己撰写的书，甚感欣慰。

阅读是心灵快乐的旅行和体验，读书已经成为一种生活习惯，视书为财富，视书为家珍。

作为教书人。毕业留校任教后，当然需要教材，而且还需要与之相关的其他版本的教材做参考，深感教材是授课的“一剧之

① 本文刊于《科技新书目》，2012 年 8 月 16 日，A20。

本”。如果没有一部好教材，对教学非常不便，使本来就越来越少的专业课课时更显紧张，难以完全达到教学目标。如果是在图书文化的竞争市场，教学过程，实际上也是对教材的评价和甄别过程。好的教材会被越来越多的学校选用，一版又一版，保持其生命力；差的教材则会被淘汰，仅此一版，不被再印。但在图书文化的非竞争市场，有的学校可能就是“教材保护主义”，即只准用本校或本系、本人编写的教材。如果教材质量很高，那自不待言；如果不是这样，那么，“保护”的目的和后果就值得考虑了。其实，如果教材质量高，不仅自己会用，他人也会选用，根本不必“保护”。

作为写书人。教书的过程当然也是老师自身思考的过程、成长进步的过程。我也是在这个过程中开始写书的，从参编者，到主编者，到编著者，也是一步一步走过来的。写书，可能有名，可能有利，但决不应、也不会以此为动因。因为目前各高校早已将教材排除在“科研成果”之外，换言之，撰写教材与职称晋升没有关系；至于稿费，很可能一本书的稿酬还不如一天的讲课费。但只要办学校、只要有学生，就不能没有教材。老师撰写高质量教材应该是职责所在，尤其对老教师，更应责无旁贷。出于对学生负责、对社会负责的责任心，教材撰写应该尽心尽力，及时更新，与时俱进。当然，社会也应该尊重著作人的合法权益。对未经原作者同意，擅自抄录他人或复印他人教材的行为，除了在道德层面的谴责外，也应有具体的法律保护措施。

《科技新书目》报作为全国新华书店、图书馆和政府、企事业单位采购图书的唯一一份中央级图书征订目录报纸，在我国出版发行行业和图书馆界发挥了不可替代的作用。2012 年 8 月 16 日，《科技新书目》报即将迎来出版第 1000 期。作为与书为伴的人，我衷心祝愿《科技新书目》报越办越好，充分发挥其作为图书出版与流通、写书人与用书人的桥梁和纽带作用。

附　录

附录一　学路事记

1969 年 7 月，毕业留校任教；

1981 年 8 月至 1982 年 1 月，厦门大学进修，师从葛家澍、余绪缨、常勋等教授；

1983 年，被评为讲师；

1985 年，任财政会计系副主任；1986 年会计系设立，任会计系副主任（主持）；

1987 年，天津市会计学会理事；2008 年，天津市会计学会常务理事；

1988 年，天津农业会计学会常务理事、天津市成本研究会理事；

1988 年，被评为副教授；

1992 年，任会计系主任；

1993～2007 年，中国会计学会理事；中国会计学会第一、二届学术委员；《会计研究》编委（现任审稿专家）；

1994 年，被评为教授；

作为“注册会计师专门化资格评审及教学质量评估委员会委员”，1994 年五次到京参加国家教委、财政部召开的增设注册会计师专门化会议，决定在会计系增设注册会计师专业方向，五所有会计博士点的高校为首批设置单位，第一届从 1993 级会计专业、财政专业学生中选拔转入，1994级正式招生；

1995年4月，参加由上海财经大学发起召开的全国五所会计博士点院校系主任（或负责人）会议，酝酿成立中国会计教授会（因不能在民政部注册，现为中国会计学会会计教育分会）；

1995年7月，在上海召开由上海财经大学主办的第一次中国会计教授会，被选为会计教授会理事；

1995年9月，到台湾参加海峡两岸会计学术研讨会；

1995年11月，当选天津市注册会计师协会常务理事；

1997年11月，参加国家教委组织的对兰州商学院的教学评估；

1998年3月，会计系名誉主任；

2000年，被评为博士生指导教师；

2000年10月，被财政部聘为第二届全国会计知识大赛专家组成员，任决赛裁判；

2002年5月，中国成本研究会理事；2013年10月，任中国成本研究会常务理事；

2002年9月，被财政部聘为会计准则委员会会计准则咨询专家；

2004年12月，中国财务学年会顾问；

2005年，被评为天津财经大学会计学科首席教授；

2006年4月，天津财经大学会计与财务研究中心主任；

2006年，被聘为天津市政府咨询专家；

2007年12月，作为第三届全国会计知识大赛嘉宾，应邀到京参加大赛决赛；

2008年，被聘为天津市教委教育教学质量专家督导委员；

2008年，中国会计学会会计基础理论专业委员会副主任；

2009 年，被评为天津市和全国会计先进工作者；

2010 年，中国对外经贸会计学会理事；

2011 年 1 月，被评为天津财经大学二级教授；

2014 年 8 月，被教育部网络培训中心聘为特聘教授；

2017 年 1 月，被聘为全国建筑业财税知识竞赛顾问。

◆国内多所院校的兼职（客座）教授，中国会计学会资深会员、中国注册会计师协会资深会员（非执业）。

附录二　发表的相关论文（凡未注明作者的，均系本人独立完成）

[1]“建立企业税务会计，完善会计学科体系”，《财会通讯》，1986 年第 7 期。

[2]“批发部门代扣税款工作的改进意见”，《天津财经学院学报》，1987 年第 4 期。

[3]“研究企业税务会计势在必行”，《会计研究》，1992 年第 1 期。

[4]“企业会计与企业纳税”，《财务研究》，1991 年第 3 ~ 4 期合刊。

[5]“研究税务会计，做好会计工作”，《财会信息》，1992 年第 2 期。

[6]“试论增值税改革及其会计处理”，《财会通讯》，1994 年第 2 期（人大书报资料中心《财务与会计导刊》1994 年第 6 期全文转载）。

[7]“企业欠税辨析”，《财会月刊》，1996 年第 11 期。

[8]“简述企业欠（多）交增值税的会计处理”，《中国乡镇企业会计》，1996 年第 11 期。

[9]“也谈欠缴增值税的会计处理方法”，《税务》，1996 年

第 5 期。

[10]“亏损、亏损弥补及应纳（退）税额的确认”，《中央财经大学学报》，1997 年第 4 期。

[11]“试论企业亏损的纳税利益”，《现代财经》，1997 年第 6 期。

[12]“税务会计独立成科是必然趋势”，《会计研究》，1998 年第 9 期。

[13]“对增值税中关于运输费用及代垫款的会计思考”，《现代会计》，1998 年第 6 期。

[14]“对‘有关税务会计的反思’的反思”（用笔名），《财务与会计》，1999 年第 3 期。

[15]“增值税税务筹划”，《税务与经济》，1999 年第 6 期。

[16]“论会计与所得税之关系”，《现代财经》，2000 年第 3 期。

[17]“正确认识税务筹划的积极意义”，《中国税务报》，2000. 2. 23。

[18]“加速折旧不一定带来税收‘实惠’”，《中国税务报》，2000. 3. 22。

[19]“税收筹划是纳税人应有的权益”，《中国税务报》，2000. 2. 23。

[20]“应税消费品委托加工与自行加工税负有差异”，《中国税务报》，2000. 4. 26。

[21]“从新闻投资公司零纳税看税收筹划”，《中国税务报》，2000. 11. 8。

[22]“无形资产会计中的涉税处理”，《财会通讯》，2001 年第 4 期。

[23]“论企业所得税税前扣除与财务会计处理之差异”，

《甘肃税务》，2001 年第 4 期。

［24］“论税务会计的概念框架”，《现代财经》，2001 年第 5 期。

［25］“试论税务会计的基本前提与一般原则”，《财会月刊》，2002 年第 4 期。

［26］“税务筹划：无形资产会计与税法差异”，《财务与会计》，2002 年第 9 期。

［27］“税务筹划：目标、意义与风险”，《财务与会计》，2002 年增刊。

［28］“税务会计要素探微”，《财会月刊》，2003 年第 1 期。

［29］“税制改革之我见”，《国际财务与会计》，2003 年第 1 期。

［30］“税务筹划的行为动因及制度分析”，《财务与会计》，2004 年 1 期（人大书报资料中心《财政与税务》2004 年第 3 期全文转载）。

［31］“论税务筹划的行为规范与行为约束”，载于《纳税筹划方法集萃》（论文集），机械工业出版社 2005 年版。

［32］“试论税务会计的理论结构”，载于《上市公司会计与财务的最新发展》（论文集），中国人民大学出版社 2004 年版。

［33］“税收：会计永远摆脱不了的‘当事人’”，《会计师》，2004 年第 9 期。

［34］“企业所得税会计处理方法探讨”（盖地、李韬），《财务与会计》，2005 年第 1 期。

［35］“税收制度与企业税务筹划”，《中国会计年鉴（2004）》，中国财政杂志社，2004. 11。

［36］“增值税对投资影响分析——兼评东北地区增值税转

型试点对投资的影响”，《会计之友》，2005 年第 9 期。

[37]“对构建我国所得税会计准则相关问题的探讨”（盖地、刘慧凤），《财经论丛》，2005 年第 5 期（人大书报资料中心《财务与会计导刊》2006 年第 1 期转载）。

[38]“风险税务筹划方案的衡量与选择”（盖地、周宇飞），《经济与管理研究》，2005 年第 9 期。

[39]“避税：法律未禁止的，就是允许的”，《会计师》，2005 年第 11 期。

[40]“论微观经济基础下增值税转型的理想选择”（盖地、李玉萍），《财贸经济》，2005 年第 12 期。

[41]“从非货币性交易的会计处理看财务会计与税务会计的关系”，《财会学习》，2006 年第 1 期。

[42]“试论税务筹划的非税成本及其规避”（盖地、钱桂萍），《当代财经》，2005 年第 12 期（人大书报资料中心《财政与税务》2006 年第 4 期转载）。

[43]“税务筹划：法律与道德的碰撞”，《会计之友》，2006 年第 2 期。

[44]“构建我国税务会计范式与模式探讨”，《现代财经》，2006 年第 2 期。

[45]“税务会计原则、财务会计原则的比较与思考”，《会计研究》，2006 年第 2 期。

[46]“对增值税转型政策变化的思考”，《财会学习》，2006 年第 4 期。

[47]“消费税调整：信号作用与应对措施”（盖地、刘茜），《财务与会计》，2006 年第 6 期。

[48]“增值税会计理论框架的构建——一个具体事项会计理论框架协调性与异质性研究的样本”（盖地、刘慧凤），《财经

论丛》，2006 年第 4 期。

［49］“税务筹划的主体、目标及学科定位”，《郑州航空工业管理学院学报》，2006 年第 5 期。

［50］“从年报看所得税会计准则实施的影响”（盖地、陆新），《上海证券报》，2007. 2. 7。

［51］“我国税制改革解读”，《财会学习》，2007 年第 5 期。

［52］“风险税务筹划决策方法探讨”（盖地、周宇飞），《经济与管理研究》，2007 年第 6 期（人大书报资料中心《财政与税务》2007 年第 11 期全文转载）。

［53］“企业销售固定资产的纳税筹划”（盖地、盛常艳），《财会月刊》，2007 年第 10 期（人大书报资料中心《财政与税务》2007 年第 12 期转载）。

［54］“所得税会计准则：理论与实务的思考”（盖地、刘慧凤），《山西财经大学学报》，2008 年第 1 期（人大书报资料中心《财务与会计导刊》2008 年第 4 期（上）转载）。

［55］“避税的‘问’与‘答’”，《会计之友》，2008 年第 2 期（上）。

［56］“显性税收、隐性税收与税收资本化”（盖地、崔志娟），《经济与管理研究》，2008 年第 3 期。

［57］“增值税会计：税法导向、还是财税分离”，《会计研究》，2008 年第 6 期（人大书报资料中心《财务与会计导刊》转载。2008 年 10 月获中国会计学会 2008 年度优秀论文三等奖）

［58］“避税与特别纳税调整”，《财务与会计》（理财版），2008 年第 11 期（人大书报资料中心《财务与会计导刊》2009 年第 2 期（上半月）转载）。

［59］“收入确认：税法与会计准则的比较分析”（盖地、肖

慧敏)，《财务与会计》，2009 年第 2 期。

[60]“税务会计计量属性及其与财务会计计量属性的比较”(盖地、孙雪娇)，《会计研究》，2009 年第 4 期。

[61]“企业税务风险管理：风险识别与防控”(盖地、张晓)，《财务与会计》(理财版)，2009 年第 8 期。

[62]“会计与共和国同进步”(从税务会计视角看新中国会计的发展)，《财务与会计》，2009 年第 10 期。

[63]“上市公司执行所得税会计准则的实证研究——基于沪深 A 股数据的分析”(盖地、梁淑红)(注：编辑部将题目错改为“所得税有关‘费用’会计准则对上市公司利润表项目的影响”)，《现代财经》，2009 年第 9 期。

[64]“简论纳税人意识”，《财会学习》，2010 年第 5 期。

[65]“企业增值税税负辨析”，《财务与会计》，2010 年第 9 期。

[66]“转型后的增值税费用化会计处理探讨”(盖地、梁虎)，《经济与管理研究》，2011 年第 2 期(人大书报资料中心《财务与会计导刊》(理论版)2011 年第 5 期转载)。

[67]“契约理论视角下的企业税务筹划”(盖地、梁虎)，《审计与经济研究》，2011 年第 2 期。

[68]“减税行为、税制安排与负激励效应”(盖地、罗斌元)，《中央财经大学学报》，2011 年第 12 期。

[69]“税收规避与财务报告成本的权衡研究——来自中国 2008 年所得税改革的证据”(盖地、胡国强)，《会计研究》，2012 年第 3 期。

[70]“税收成本、非税成本与企业组织形式选择——基于经济模型的研究框架”(盖地、李彩霞)，《当代财经》，2012 年第 4 期。

［71］“税收对会计的影响探析”，《财会学习》，2012 年第 3 期。

［72］“财务指标、非财务指标与会税差异——基于我国上市公司面板数据的经验研究”（盖地、孙晓妍），《财经问题研究》，2012 年第 1 期（人大书报资料中心《财务与会计导刊》（理论版）2012 年第 4 期转载）。

［73］“税务筹划：目标、原则和原理”，《北京工商大学学报（社会科学版）》，2012 年第 5 期。

［74］“如何解读税务系统的‘深化税收征管’”，《财会学习》，2013 年第 1 期。

［75］“递延所得税项目、条件稳健性与非条件稳健性”（盖地、车菲），云南财经大学学报，2013 年第 1 期。

［76］“税收视角下的义利观”，《财务与会计》（理财版），2013 年第 6 期。

［77］“避税的法理分析”，《会计之友》，2013 年第 9 期（中）。

［78］“应税收入、不征税收入与免税收入：性质界定、税收利益”，《财务与会计》，2013 年第 10 期。

［79］“递延所得税对财务报表信息质量的影响研究”（盖地、路娜），《北京工商大学学报》，2014 年第 2 期（人大书报资料中心《财务与会计导刊》（理论版）2014 年第 7 期转载）。

［80］“税务会计概念框架构想”，《会计研究》，2014 年第 10 期。

［81］“多角度下纳税遵从意识的实验分析”（盖地等），《财务研究》，2016 年第 2 期。

［82］“全面推开‘营改增’及其对会计与税务筹划影响探析”，《会计之友》，2016 年第 14 期（人大书报资料中心《财务

与会计导刊》（实务版）2016 年第 11 期（上半月）转载）。

附录三　出版的相关教材、著作

[1]《工商企业税务会计》（内部出版）主编，津新出图字（89）52 号。

[2]《企业税务会计》主编，中国财政经济出版社，1993 年 5 月。

[3]《税务会计学》盖地、岳方主编，中国财政经济出版社，1995 年 3 月。

[4]《企业税务会计》编著，立信会计出版社，1996 年 10 月。

[5]《纳税申报与纳税筹划》主编，立信会计出版社，1998 年 7 月（1999 年 3 月第 2 次印刷）。

[6]《增值税会计》编著，上海立信会计出版社，1998 年 10 月（1999 年 10 月第 3 次印刷）。

[7]《所得税会计》（“九五”国家重点图书）著，中国财政经济出版社，2000 年 8 月。

[8]《税务会计》编著，立信会计出版社，2001 年 1 月；2017 年 7 月第 11 版第 3 次印刷。

[9]《税务会计与纳税筹划》编著，东北财经大学出版社，2001 年 1 月；2017 年 1 月第 12 版；2017 年 8 月第 13 版。

[10]《税务与税收会计》主编，中国财政经济出版社，2001 年 9 月，财政部“十五”全国统编教材；2008 年 4 月第 2 版。

[11]《税务会计》编著，首都经济贸易大学出版社，2002 年 9 月；2016 年 5 月第 10 版。

[12]《税务筹划》（普通高等教育“十五”、“十一五”国

家级规划教材）主编，高等教育出版社，2003 年 1 月；2004 年获天津社科优秀成果三等奖；2017 年 10 月第 6 版。

［13］《税务会计与税务筹划》编著，中国人民大学出版社，2003 年 12 月；2017 年 2 月第 9 版；2017 年 8 月第 10 版。

［14］《税务会计与纳税筹划》主编，南开大学出版社，2004 年 1 月，2012 年 6 月第 5 版。

［15］《税务会计研究》主编，中国金融出版社，2005 年 1 月。

［16］《税务筹划理论与实务》（新世纪研究生教学用书）主编，东北财经大学出版社，2005 年 1 月；2017 年 3 月第 4 版。

［17］《纳税筹划及案例分析》主编，中国财政经济出版社，2005 年 7 月。

［18］《所得税会计（会计准则研究文库）》（许善达、盖地），大连出版社，2005 年 12 月。

［19］《纳税调整及案例说明》（盖地、陈珩），中国财政经济出版社，2006 年 7 月。

［20］《税务筹划》主编，首都经济贸易大学出版社，2006 年 5 月；2008 年 7 月第 6 版。

［21］《税务会计学》主编（新世纪高等学校教材），北京师范大学出版社，2007 年 3 月；2014 年 3 月第 3 版。

［22］《流转税纳税实务指引——确认计量、会计处理与纳税申报》（盖地、李秋蕾），经济科学出版社，2009 年 8 月。

［23］《企业所得税纳税实务指引——纳税调整、会计处理与纳税申报》（盖地、李秋蕾），经济科学出版社，2010 年 3 月。

［24］《税务会计学》（教育部经济管理类主干课程教材）编著，中国人民大学出版社，2009 年 6 月；“十二五”普通高等教育本科国家级规划教材；2017 年 1 月第 9 版；2017 年 8 月第

10 版。

[25]《税务筹划学》主编，中国人民大学出版社，2009 年 11 月；2017 年 9 月第 5 版。

[26]《税务会计实务》主编，经济科学出版社，2010 年 8 月；2014 年 4 月第 2 版。

[27]《建筑施工企业纳税与筹划操作指南》主编，中国财政经济出版社，2010 年 12 月。

[28]《税务会计理论》（博导文库）著，大连出版社，2011 年 7 月。

[29]《煤炭开采与洗选业涉税问题解析》，中国财政经济出版社，2012 年 5 月。

[30]《税务筹划理论研究——多角度透视》（财会文库）盖地等著，中国人民大学出版社，2013 年 1 月。

[31]《税务会计》主编，中央广播电视大学出版社，2013 年 8 月

[32]《中国税制》主编，中国人民大学出版社，2014 年 5 月；2017 年 6 月第 3 版。

[33]《税务会计理论研究》（21 世纪高级会计系列精品教材）编著，清华大学出版社，2015 年 8 月。

[34]《纳税会计》编著，中国人民大学出版社，2015 年 10 月。

[35]《建筑业“营改增”会计核算与税务管理操作指南》主编，中国财政经济出版社，2016 年 1 月。

[36]《建筑业增值税会计核算与管理操作指南》主编，中国财政经济出版社，2016 年 10 月；2017 年 3 月第 2 版。